HERMES

在古希腊神话中，赫耳墨斯是宙斯和迈
亚的儿子，奥林波斯神们的信使，道路
与边界之神，睡眠与梦想之神，亡灵的
引导者，演说者、商人、小偷、旅者和
牧人的保护神……

西方传统 经典与解释 **HERMES**
Classici et Commentarii

古希腊肃剧注疏
Tragicorum Graecorum
cum commentariis

刘小枫◎主编

欧里庇得斯与智术师

——哲学思想的戏剧性处理

Euripides and the Sophists
Some Dramatic Treatments of Philosophical Ideas

［加］科纳彻 Desmond J. Conacher ｜ 著

罗峰 ｜ 译

华夏出版社

"古希腊肃剧注疏" 出版说明

　　古希腊肃剧源于每年一度的酒神祭（四月初举行，通常持续五天），表达大地的回春感（自然由生到死、再由死复生的巡回），祭仪内容主要是通过扮演动物表达心醉神迷、灵魂出窍的情态——这时要唱狂热的酒神祭拜歌。公元前六百年时，富有诗才的科林多乐师阿瑞翁（Arion）使得这种民俗性的祭拜歌具有了确定的格律形式，称为酒神祭歌（$\delta\iota\vartheta\acute{\upsilon}\rho\alpha\mu\beta\omicron\varsigma$ = Dithyrambos），由有合唱和领唱的歌队演唱。古希腊肃剧便衍生于在这种庄严肃穆的祭歌之间有情节的表演，剧情仍然围绕祭神来展开。

　　我国古代没有"悲剧""喜剧"的分类，只有剧种的分类。我们已经习惯于把古希腊的 Tragedy 译作"悲剧"，但罗念生先生早就指出，这一译名并不恰当，因为 Tragedy 并非表达"伤心、哀恸、怜悯"的戏剧。的确，trag - 的希腊文原义是"雄兽"，- edy（$\acute{\eta}$ $\acute{\omega}\delta\acute{\eta}$ [祭歌]）的希腊文原义是伴随音乐和舞蹈的敬拜式祭唱，合拼意为给狄俄尼索斯神献祭雄兽时唱的形式庄严肃穆的祭歌，兴许译作"肃剧"最为恰切——汉语的"肃"意为"恭敬、庄重、揖拜"，还有"清除、引进"的意思，与古希腊 Trag - edy 的政治含义颇为吻合。古希腊的 Com - edy 的希腊语原义是狂欢游行时纵情而又戏谑的祭歌，与肃剧同源于酒神狄俄尼索斯崇拜的假面歌舞表演，后来发展成有情节的戏谑表演，译作"喜"剧同样不妥，恰切的译法也许是"谐剧"——"谐之言皆也。辞浅会俗，皆悦笑也"。肃剧严肃庄重、谐剧戏谑浅俗，但在歌队与对白的二分、韵律及场景划分等形式方面，肃剧和谐剧基本相同。约定俗成的译法即便不甚恰切也不宜轻举妄动，但如果考虑到西方文明进入中国才一百多年光景，来日方长，译名或术语该改的话也许不如趁早。

古希腊戏剧无论严肃形式（肃剧）抑或轻快形式（谐剧），均与宗教祭祀相关。从祭仪到戏剧的演化，关键一步是发明了有情节的轮唱：起先是歌队的领唱与合唱队之间的应答式轮流演唱，合唱队往往随歌起舞。尽管轮唱已经可以展现情节，但剧情展示仍然大受限制，于是出现了专门的演员，与合唱歌队的歌和舞分开，各司其职。从此，合唱歌队演唱的英雄传说有了具体的人物再现。起初演员只有一个，靠不同的面具来变换角色、展开戏剧情节。演戏的成分虽然增多，但合唱歌队的歌和舞仍然起着结构性的支撑作用。

僭主庇西斯特拉图（Peisistratus，约前600—前528年）当政（公元前560年）后，把狄俄尼索斯祭拜表演从山区引入雅典城邦，搞起了酒神戏剧节，此时雅典正在加快步伐走向民主政制。创办戏剧节对雅典城邦来说是一件大事——有抱负的统治者必须陶铸人民的性情，为此就需要德育"教材"。从前，整个泛希腊的政治教育都是说唱荷马叙事诗和各种习传神话，如今，城邦诗人为了荣誉和奖赏相互竞赛作诗，戏剧节为得奖作品提供演出机会，城邦就有了取代荷马教本的德育教材。剧场与法庭、公民大会、议事会一样，是体现民主政制的制度性机制——公民大会有时就在剧场举行。总之，古希腊戏剧与雅典城邦出现的民主政制关系密切，通过戏剧，城邦人民反观自己的所为、审查自己的政治意见、雕琢自己的城邦美德——所有古代文明都有自己的宗教祭仪，但并非所有古代文明都有城邦性质的民主政制。古希腊肃剧的内容，明显反映了雅典城邦民主制的形成、发展和衰落的过程，展现了民主政制中雅典人的自我认识、生活方式及其伦理观念的变化。追问中国古代为什么没有肃剧，与追问中国古代为什么没有演说术，同样没有意义。把古希腊戏剧用作一种普遍的戏剧形式来衡量我们的古代戏曲并不恰当，我们倒是应该充分关注雅典戏剧的特殊性，并关注它所反映的民主政制与传统优良政制之间的尖锐矛盾。

古代戏剧的基本要素是言辞（如今所谓"话剧"），戏剧固然基于行动，但行动在戏台上的呈现更多靠言辞而非如今追求的演技。由此引出一个问题：如何学习和研究古希腊戏剧。结构主义人类学兴起以来，古希腊肃剧研究不再关注传世的剧作本身，而是发掘戏剧反映的所谓历史文化生态和社会习俗，即便研读剧作，也仅仅是为了替人类学寻找材料。亚里士多德在《论诗术》中说，肃剧作品即便没有演出，也值得一读——人类学的古典学者却说，要"看戏"而非"读戏"，甚至自负地说，亚里士多德根本不懂肃剧。然而，后世应当不断从肃剧作品中学习的是古希腊诗人在民主政制时代如何立言……"不有屈原，岂见《离骚》"——没有肃剧诗人，岂见伟大的传世肃剧！不再关注诗人的立言，而是关注社会习俗，我们失去的是陶铸性情的机会。按照亚里士多德的教诲，即便如今我们没有机会看到肃剧演出，也可以通过细读作品，"洞性灵之奥区，极文章之骨髓"。

幸赖罗念生、周作人、缪灵珠、杨宪益等前辈辛勤笔耕，至上世纪末，古希腊肃剧的汉译大体已备，晚近则有张竹明、王焕生先生的全译本问世（译林版2007）。"古希腊肃剧注疏"乃注疏体汉译古希腊肃剧全编，务求在辨识版本、汇纳注疏、诗行编排等方面有所臻进，广采西方学界近百年来的相关成果，编译义疏性专著或文集，为我国的古希腊肃剧研究提供踏实稳靠的文本基础。

古典文明研究工作坊

西方典籍编译部乙组

2005 年 1 月

目　录

译者前言

罗　峰

　　在古希腊三大悲剧诗人中，欧里庇得斯的地位格外特别。他不仅受喜剧诗人阿里斯托芬严厉批评，也多次出现在哲人柏拉图的著作里，被苏格拉底称为"最聪明的悲剧诗人"。后世大哲尼采更直言不讳地痛斥：欧里庇得斯用他"审美的苏格拉底主义"扼杀了古希腊悲剧。欧里庇得斯身为悲剧诗人，何以又成了苏格拉底的"同盟"？回溯欧里庇得斯批评史，有关欧里庇得斯是诗人还是哲人的身份之争，学界一直聚讼纷纭，渐成一段公案。然而，随着时间的推移，欧里庇得斯的身份之谜却并未见明晰，反而愈发扑朔迷离。

　　时至今日，欧里庇得斯究竟是诗人还是哲人，俨然成了一个解不开的"死结"。①

一、喜剧诗人笔下的欧里庇得斯

　　18 世纪与 19 世纪之交，一场以重新发现古希腊与古罗马价值的

---

　　① Jacqueline Assaël, *Euripide*, *philosophie et poète tragique*, Bruxelles： Société des études Classiques, 2001, p. 1.

新古典主义批评，将欧里庇得斯的身份之争推向了高潮。这场运动的领军人物之一施莱格尔（A. W. Schlegel）站在古典文学的立场，猛烈批评了欧里庇得斯的悲剧创作。但实际上，这种论争早已蕴含在阿里斯托芬的批评中。阿里斯托芬虽为喜剧诗人，而非戏剧评论家，却在欧里庇得斯批评史上有着举足轻重的地位，堪称整个欧里庇得斯批评史的开启者。阿里斯托芬不仅在很大程度上反映并代表那个时代对欧里庇得斯的评价，也为后世的批评奠定了基调。从阿里斯托芬的作品来看，这位喜剧诗人显得不喜欢欧里庇得斯的悲剧创作。在他的 11 部传世喜剧中，大多可见对欧里庇得斯冷嘲热讽。在《地母节妇女》（*Thesmophoriazusae*）和《蛙》（*Frogs*）中，阿里斯托芬甚至让欧里庇得斯充当了主角。《地母节妇女》讲述了欧里庇得斯如何由"憎恨妇女"到最后与之讲和。在《阿卡奈人》（*Acharnenses*）中，阿里斯托芬更是毫不客气地批评他将众多瘸子和叫花子搬上舞台。在阿里斯托芬眼里，欧里庇得斯悲剧中呈现的这些角色转换毫无意义，无助于将民众教育成更好的公民，反而极可能把善良高贵之人训练成大流氓。不过，换个角度来看，阿里斯托芬对欧里庇得斯的百般"刁难"似乎也意味着，他颇为欣赏欧里庇得斯的诗才。诚如有批评家指出的，阿里斯托芬对欧里庇得斯的处处戏仿透露，这位喜剧诗人八成只是"假装不喜欢"，相反，他可能还是欧里庇得斯的最大欣赏者。[①] 不过，

---

① Bates 对此有详述。See William Nickerson Bates, *Euripides: a Student of Human Nature*, New York: A. S. Barnes & Company, Inc., 1930/1961, p. 4. Segal 也认为，在欧里庇得斯的同时代人中，阿里斯托芬是他的最大欣赏者。See Erich Segal, *Euripides: a Collection of Critical Essays*, Prentice - Hall, Inc., Engledwood Cliffs, New Jersey: a Spectrum Book, p. 11. 据统计，阿里斯托芬戏仿了欧里庇得斯 45 部剧的片段，他对欧里庇得斯的重视由此可见一斑。See Paul Decharme, *Euripides and the Spirit of His Dramas*, Port Washington, New York: Kennikat Press Inc., 1906/1968, xiii.

身为喜剧诗人的阿里斯托芬居然视悲剧作家欧里庇得斯为楷模，这实在匪夷所思。难道阿里斯托芬认为，他所致力的喜剧与欧里庇得斯的悲剧离得很近？尽管我们不能就此作出结论，但在《蛙》中，阿里斯托芬已然向我们展示，在某种意义上，欧里庇得斯的悲剧与传统悲剧已有明显差异。

在《蛙》里，阿里斯托芬通过虚拟埃斯库罗斯与欧里庇得斯的一场较量，集中批评了欧里庇得斯的悲剧创作手法和内容。阿里斯托芬主要通过以下几点来检审欧里庇得斯的悲剧。首先是悲剧人物的表现手法。欧里庇得斯不仅让贩夫走卒走上悲剧舞台，还把埃斯库罗斯钟情的诸神、英雄人物写得跟凡人无异。阿里斯托芬认为，欧里庇得斯对悲剧人物的处理有失妥当。他不仅让普通人物充当悲剧的主角，还把高贵之人描写得可憎。① 在欧里庇得斯笔下，诸神和英雄人物不再高贵，相反，美德以某种方式在女人和普通人身上得以体现。在欧里庇得斯早期创作的悲剧《阿尔刻斯提斯》（Alcestis）中，诗人实际上暗中颠覆了传统家族观念。这种模棱两可的表现手法很容易让民众觉得，既然高贵之人实际上与他们并无二致，有时甚至不如他们，也就没有必要向他们学习了。其次是悲剧呈现的内容上，欧里庇得斯迥异于埃斯库罗斯，他的剧作在某些问题上毫无隐晦，将一切和盘托出。较之埃斯库罗斯笔下高贵勇猛的武士，欧里庇得斯的戏剧充斥着对七情六欲，以及有违道德伦常的情事的描写。在阿里斯托芬看来，欧里庇得斯毫不避讳地陈述事实，甚至将"坏人坏事表现得充满魅力"，并无益于雅典青年的教育，这种

---

① 阿里斯托芬多处讽刺欧里庇得斯把瘸子搬上舞台，《地母节妇女》，行24；《阿卡奈人》，行411；《蛙》，行864等，中译参罗念生译，《阿里斯托芬喜剧六种》，收于《罗念生全集》卷四，上海：上海人民出版社，2007年。

行为本质上与"行恶"无异。①

　　然而欧里庇得斯在《蛙》中声称，他的出发点也是教育民众。这就将问题引向了悲剧的终极目的。通过表明欧里庇得斯在悲剧中呈现的辩论说理并没有把民众教育成"好公民"，而是教会了他们诡辩，阿里斯托芬实际上否定了欧里庇得斯能够担负起城邦教育者的重责（《地母节妇女》，行 193 – 197；《蛙》，行 1010 – 1015、行 1069 – 1072、行 1083 – 1086）。其实，《蛙》开篇就已暗示阿里斯托芬的雄心，它要通过新旧两代悲剧诗人的竞技，探究何为真正的悲剧。② 而欧里庇得斯最后败给埃斯库罗斯便透露了阿里斯托芬的看法：欧里庇得斯的悲剧已不复是真正意义上的悲剧，非但不能对民众的教化起作用，还暗藏败坏民众的危险。在另一部喜剧《云》中，阿里斯托芬不仅展示了欧里庇得斯作为悲剧家的失败，也表明欧里庇得斯在若干方面"越俎代庖"，有沦为喜剧诗人的危险。阿里斯托芬的这种观点在后世一直不乏传承者，并构成了欧里庇得斯批评传统的重要部分。

　　尤其值得注意的是，在《云》（Clouds）中，阿里斯托芬虽主要批评了转向政治之前的青年苏格拉底，把他看做不谙世事的自然哲人，但在这样一部作品中，阿里斯托芬仍不忘对欧里庇得斯进行冷嘲热讽（尤其是在教授诡辩上），这似乎暗示，欧里庇得斯与苏格拉底或其他哲人有着某种关联？③

---

　　① 施特劳斯，《苏格拉底与阿里斯托芬》，李小均译，北京：华夏出版社，2011 年，页 266。

　　② 施特劳斯，《苏格拉底与阿里斯托芬》，前揭，页 248。

　　③ 阿里斯托芬戏仿了欧里庇得斯剧作中的诡辩，比较《云》，行 1415："你以为儿子应该叫疼，父亲就不该叫疼吗？"和欧里庇得斯的《阿尔刻斯提斯》，行 691："你乐于见到阳光［意为活着］，为父的就不想见到阳光吗？"《阿尔刻斯提斯》中译见罗念生译，《欧里庇得斯悲剧六种》，收于《罗念生全集》卷四，上海：上海人民出版社，2004 年。

二、舞台哲人欧里庇得斯

阿里斯托芬对欧里庇得斯的批评透露，诗人欧里庇得斯对哲人身份有某种"僭越"。在此后相当长的时间里，欧里庇得斯的"哲人"身份开始占据主导地位。这一时期的研究者致力于发掘欧里庇得斯与当时哲学思潮的关系。欧里庇得斯虽是诗人，但他跟当时的自然哲人和智术师过从甚密，与苏格拉底的交情也非同一般。的确，欧里庇得斯年轻时，雅典已不只是诗人与艺术家的天堂。借用柏拉图笔下希琵阿斯（Hipias）的话，此时的雅典俨然一个"智慧议厅"（《普罗塔戈拉》［Protagoras］337d5）。当时的雅典民众惊讶于埃利亚人芝诺（Zeno）的言说技巧，因为他让人觉得，"同样的一些事情相似又不相似，是一又是多，既处于静止又在动"（柏拉图，《斐德若》［Phaedrus］261d5）。一场即将给雅典带来翻天覆地变化的思想革命正蓄势待发。① 尽管无人能确知，欧里庇得斯多大程度上受这种思潮影响，他与哲学的紧密关系却确定无疑。有学者发现，这一时期的欧里庇得斯在"心智"上发生了某种"哲学转向"，这也是他频频被人称为"舞台哲人"的原因所在。② 实际上，欧里庇得斯就过着一种哲

---

① Paul Decharme, *Euripides and the Spirit of His Dramas*, Port Washington, New York: Kennikat Press Inc., 1906/1968, p. 5。

② Bates 认为此称呼源自阿忒那欧斯（Athenaeus），William Nickerson Bates, *Euripides: a Student of Human Nature*, New York: A. S. Barnes & Company, Inc., 1930/1961, p. 9; Dillon 则认为来自亚历山大里亚的克雷蒙（Clement of Alexandria), John Dillon, "Euripides and the Philosophy of His Time," *Classics Ireland*, vol. 11, 2004, p. 48。Assaël 认为，欧里庇得斯与这些哲人频繁交往，使他不可避免地"卷入了当时的各种哲学论辩"。Jacqueline Assaël, *Euripide, philosophie et poète tragique*, Bruxelles: Société des études Classiques, 2001, p. 2。

人式的生活：他不喜闹市，避开市井，醉心哲学，常年深居简出，专注沉思和写作。欧里庇得斯拥有一个在当时无人能及的藏书室，在萨拉米斯岛上还有一个面朝大海的山洞。[①]

欧里庇得斯一生不问政治，也鲜少参与公共事务。较之埃斯库罗斯和索福克勒斯对政治的热忱，欧里庇得斯显得对政治漠不关心。他与政治的唯一关联，还是雅典当局借他在外邦的声望派他出使叙拉古（Syracuse）。[②] 相形之下，欧里庇得斯与当时的哲人保持着一种非同寻常的亲密关系。第欧根尼·拉尔修多次提到，他是自然哲人阿那克萨戈拉（Anaxagoras）的学生，[③] 跟智术师普罗塔戈拉（Protagoras）、普罗狄科（Prodicos）走得很近，还与苏格拉底相交甚笃。普罗塔戈拉就是在欧里庇得斯家中首次公开诵读了他的著作《论诸神》。[④] 从欧里庇得斯的剧作来看，他惯于以科学的态度审视神话中的人物，甚至公然否定传统观点。在《法厄同》（*Phaëthon*，已佚）一剧中，欧里庇得斯就把太阳称为"金色的土块"，而非神。[⑤]

---

① 欧里庇得斯经常到此沉思、写作，Paul Decharme, *Euripides and the Spirit of His Dramas*, Port Washington, New York: Kennikat Press Inc., 1906/1968, p. 6。

② William Nickerson Bates, *Euripides: a Student of Human Nature*, New York: A. S. Barnes & Company, Inc., 1930/1961, p. 10.

③ 第欧根尼·拉尔修，《名哲言行录》（希腊文 - 中文对照本），徐开来、溥林译，桂林：广西师范大学出版社，2010 年，II. 8 - 10 及下；II. 44 - 46 及下。Haigh 也表示，阿那克萨戈拉学说对欧里庇得斯的思想转向产生了确定无疑的影响。See A. E. Haigh, *The Tragic Drama of the Greeks*, Oxford: Clarendon Press, 1896.

④ 第欧根尼·拉尔修，《名哲言行录》（希腊文 - 中文对照本），徐开来、溥林译，桂林：广西师范大学出版社，2010 年，IX. 53 - 55。普罗塔戈拉本人也因此遭雅典驱逐。

⑤ 转引自第欧根尼·拉尔修，《名哲言行录》（希腊文 - 中文对照本），徐开来、溥林译，桂林：广西师范大学出版社，2010 年，II. 8 - 10 及下。

欧里庇得斯还借剧中人物公然质疑诸神。他还因此多次被邦民指控不敬神。亚里士多德就记录了一段有关欧里庇得斯的讼案。① 这位悲剧诗人卷入一宗财产交易案，对方控诉他在《希珀吕托斯》（*Hippolytus*）一剧中的台词不虔敬："我的嘴立了誓，可我的心未立誓。"②

从公元前三世纪罗马作家埃利阿努斯（Aelian）的记录来看，苏格拉底也对欧里庇得斯的剧作倾注了非同一般的关注：苏格拉底平日几乎从不出入剧场，但凡听闻欧里庇得斯有新剧上演，不论路途，鲜有缺场。③ 据传，苏格拉底不仅极其关注欧里庇得斯的戏剧演出，还可能直接参与了他的剧本创作。然而，有一次听到《奥格》（*Auge*）中的一句台词时，苏格拉底默默起身离开了。因为在谈及"德性"时，欧里庇得斯说"最好让她任意闲逛"。④

在很长一段时间里，古注家们发现，欧里庇得斯有着"别样的价值"，他的剧作中蕴含着极为丰富的宗教思想和哲学思想。与其说欧里庇得斯是位剧作家，不如说他是个了不起的思想家。通过研读欧里庇得斯的作品，这些评注家指出，欧里庇得斯与阿那克萨戈拉以及苏格拉底均有着深刻的思想渊源，甚至认为诗人的某些思想

---

① 亚里斯多德，《修辞学》（1416a），罗念生译，收于《罗念生全集》（卷一），上海：上海人民出版社，2007 年。

② 中译本参周作人译，收于《欧里庇得斯悲剧集》（中），北京：中国对外翻译出版社，2003 年，行 612。

③ 苏格拉底甚至跑到雅典 5 公里开外的佩莱坞港（Piraeus）去看欧里庇得斯的新剧演出，转引自 William Nickerson Bates, *Euripides：a Student of Human Nature*, New York：A. S. Barnes & Company, Inc., 1930/1961, p. 9。

④ 第欧根尼·拉尔修，《名哲言行录》（希腊文－中文对照本），徐开来、溥林译，桂林：广西师范大学出版社，2010 年，II. 17－19 及下，II. 31－33 及下。《奥格》一剧已佚。

预示了"基督教教义"。① 在欧里庇得斯批评史上，这种解读路向一度占据主导。直到 20 世纪初，仍不乏学者汲汲于发掘欧里庇得斯的深刻（甚至隐微）思想。诺伍德（Gilbert Norwood）在考察了欧里庇得斯的晚期经典之作《酒神的伴侣》之后就表示，鉴于欧里庇得斯在此剧中表现的超前思想必然与整个雅典社会格格不入，为此，"天才"欧里庇得斯不会明确表达自己的前卫观点（无神论），而是将幽微的奥义藏于显白的意思下。在诺伍德看来，欧里庇得斯俨然"柏拉图"式的剧作家，因此也要求读者必须认清欧里庇得斯的双重身份：他不仅是出色的诗人，更是深刻的思想家。②

然而，对于欧里庇得斯借剧作表达自己的新潮思想，评论界并非一片赞许。情况尤其在 19 世纪初急转直下。当时的欧洲学者中复兴了对古典文学尤其是古希腊文学的热情，德国学者施莱格尔凭借其在文学界的强大影响力，主导了一代学人对古典文学的解读路向。在《论新旧文学史》中，施莱格尔指出，悲剧诗人的作品不仅要表现得深刻，还要不失其严肃性。埃斯库罗斯的悲剧兼具"诗人的深刻性与思想家的严肃性"，而在欧里庇得斯身上，我们却看到了"悲剧艺术式微的最初迹象"。③ 欧里庇得斯虽不乏其深刻性，他的艺术表现力也颇具感染力，但他的悲剧作品已经暴露了致命的缺点——一致性与有机联系的缺乏。更糟的是，为了弥补这些不足，欧里庇得斯甚至借助一些与悲剧艺术形式毫不相宜的表现手法，不仅在悲剧

---

① 当时教会的神父也喜引欧里庇得斯的诗句。他们认为，欧里庇得斯简直称得上基督教的先驱。See Decharme, *Euripides and the Spirit of His Dramas*, Port Washington, New York：Kennikat Press Inc. , 1906/1968, p. 15.

② Gilbert Norwood, *The Riddle of the Bacchae：the Last Stage of Euripides' Religious Views*, Manchester：at the University Press, 1908。

③ 陈洪文、水建馥选编，《古希腊三大悲剧家研究》，北京：中国社会科学出版社，1986 年，页 134 – 37。

中引入智术师的诡辩和长篇演说，还借用多种喜剧表现手法。悲剧的严肃性在欧里庇得斯那里几乎荡然无存，他甚至使高贵的悲剧艺术沦为喜剧。尽管在今天看来，施莱格尔的新古典主义观点看起来像是阿里斯托芬的翻版，但他对欧里庇得斯的评价几乎主导了整个19世纪。更重要的是，他以明确的方式开启了"诗人欧里庇得斯"（Euripides the poet）与"哲人欧里庇得斯"（Euripides the philosopher）的身份之争。①

在19世纪的学者中，对欧里庇得斯批评最为激烈的要数尼采。在《悲剧的诞生》中，尼采表明，悲剧终结于欧里庇得斯。尼采将悲剧视为对生命无常的保护，人们可以在悲剧中遗忘生命的不断生成、变化和消逝的偶在性。悲剧（艺术）能给人带来一种"超脱的慰藉"、让人忍受人生的各种困窘、不幸和苦楚，并有诱使人继续活下去的冲动。尼采指出，希腊悲剧起源于酒神祭的萨图尔歌队，歌队比"剧情"本身更古远、更根本。酒神歌队表达了醉境的情绪，他们像性灵那样，在心荡神驰之时说出了"神的托喻和至理名言"。酒神歌队能使观众陷入醉境的狂热，让观众感到宛若与神同甘共苦的那种情绪。因此，悲剧的诞生就来自于音乐——酒神歌队的音乐。音乐具有产生悲剧神话的能力，而神话又是以象征来表现醉境的认识方式。酒神精神的陶醉之于尼采，是对脆弱、苦痛生命的抱慰，是获得重生的喜悦。不幸的是，具有明显哲人气质的欧里庇得斯给了希腊悲剧致命一击。在尼采看来，欧里庇得斯与苏格拉底哲学联合成一种新艺术的先驱者：苏格拉底"唯知为德"，欧

---

① 施莱格尔在批评界的影响经久不衰，他通过影响大批在学校拥有教职的学者，引领了一代古典学人。See Ann Norris Michelini, *Euripides and the Tragic Tradition*, Madison: The University of Wisconsin Press, 1987, pp. 3, 7 - 8.

里庇得斯却"唯知为美"，在他身上洋溢着一种"审美的苏格拉底主义"。① 欧里庇得斯剧中充斥着论辩和说理，破坏了悲剧。尼采甚至直言不讳，站在欧里庇得斯面具背后说话的是苏格拉底，他用说理的方式驱除了酒神的"醉境"，由此也扼杀了悲剧。欧里庇得斯将苏格拉底和柏拉图那套理性的乐观主义运用到悲剧创作中，这与悲剧精神背道而驰。

质而言之，施莱格尔和尼采均站在古典的立场，批评了欧里庇得斯颇为现代的做法。不过，施莱格尔更倾向认为，欧里庇得斯深受智术师的诡辩影响。尼采却认定，欧里庇得斯把哲人式的说理引入悲剧，从而导致了悲剧的死亡。对于尼采将欧里庇得斯与苏格拉底捆绑在一起的做法，考夫曼（Walter Kaufmann）不以为然。他认为，没有证据表明欧里庇得斯受苏格拉底的影响，却有充足的证据表明，欧里庇得斯的哲学观点甚至与苏格拉底针锋相对。通过具体分析欧里庇得斯《希珀吕托斯》《酒神的伴侣》（*Bacchae*）和《特洛亚妇女》（*The Trojan Women*）等几个剧本，考夫曼指出，在这些剧本中，我们找不到尼采所认为的那种"非悲剧的乐观主义"。他还表示困惑，持这种流行观点的学者为何没有注意到，苏格拉底的学生柏拉图对悲剧的批判有多猛烈。②

欧里庇得斯与智术师的关系同样错综复杂。罗迪希（H. Rohdich）认为，在悲剧所展现的不幸中，其实也暗含着一种信念：社会秩序能够超越并愈合这种痛苦。智术师却让人们信靠理性，无疑会对社会秩序的稳定构成强大的威胁，如此一来，也就摧毁了悲剧的基础。

---

① 尼采，《悲剧的诞生》，周国平译，上海：上海译文出版社，2017年，页2-7、页17、页38、页57-58。

② Walter Kaufmann, *Tragedy and Philosophy*, Princeton, New Jersey: Princeton University Press, 1968/1979/1992, pp. 244-46.

从这点来看，罗迪希沿袭了尼采对悲剧与哲学关系的看法。但他进一步指出，欧里庇得斯悲剧与众不同的一点就在于，他通过把智术师的思想整合进悲剧创作，实际上旨在以此对抗智术师。① 科纳彻（D. J. Conacher）也承认，从欧里庇得斯的作品来看，他的确深受自然哲人和智术师的影响。但他同时指出，欧里庇得斯与智术师的关系并不是单纯的接受。相反，大量文本证明，欧里庇得斯在剧作中对智术师展开了批评。有别于其他致力于探究欧里庇得斯与智术师思想渊源的研究者，科纳彻认为，尽管欧里庇得斯剧作中充斥着"大量反映智术师思想"的语句，但与其说他是哲人，不如说他是一名"有创造力的戏剧诗人"。② 与这种观点针锋相对，维克（Audrey Wick）发现，伯罗奔半岛战争以后，整个希腊世界危机四伏，智术师发起的那场关于"自然"与"礼法"的论争，进一步挑战了希腊社会的基础。欧里庇得斯不仅多次触及这个主题，而且"动机"与之"惊人相似"。为了表现他的思想，欧里庇得斯不惜改写传统神话，甚至通过重新审视父母与子女的自然关系，公然质疑习俗礼法。③

三、"现代诗人"欧里庇得斯

较之后世对欧里庇得斯"舞台哲人"身份的推崇备至，欧里庇

---

① Hermann Rodich, *Die Euripideische Tragö die*: *Untersuchungen zur ihre Tragik*, Heidelberg: Carl Winter, 1968, pp. 20 – 21.

② D. J. Conacher, *Euripides and the Sophists*: *Some Dramatic Treatments of Philosophical Ideas*, London: Duckworth, 1998, p. 7.

③ Audrey Wick, "The Feminist Sophistic Enterprise: from Euripides to Vietnam War," *Rhetoric Society Quarterly* 22. 1 (Winter, 1992), pp. 27, 30 – 32.

得斯更早的身份可能是"新诗人"。① 阿里斯托芬甚至直呼欧里庇得斯为"最聪明的诗人"（《云》，行 1376 – 1377）。在《诗术》中，② 亚里士多德批评欧里庇得斯悲剧创作的诸种缺点，说他刻画没有"性格"的悲剧人物，缺乏一致性（1450a、1452b）。按照亚里士多德的定义，悲剧是对一个"严肃、完整、有分量的行动的模仿"（《诗术》1450a）。欧里庇得斯笔下的悲剧人物，却出现了高贵与低贱的混合，甚至二者的颠倒。更糟的是，为了把笔下可憎的人物描写得富于感染力，激发人的同情，欧里庇得斯不惜将论辩和说理这些非诗性的因素引入悲剧。更有研究者不无调侃地戏称，欧里庇得斯虽说是索福克勒斯的同代人，却俨然"呼吸着另一种精神空气"，堪称迄今为止"最现代的悲剧诗人"。③

从一定意义上讲，对欧里庇得斯的现代解读，正是伴随着对其创作手法与诗性价值的重新发现而来：欧里庇得斯创作中频遭诟病的技巧和手法，要么成了他的独特之处，要么成了他与社会作斗争的隐秘武器。其中，最具代表性的是维罗尔（A. W. Verrall）。19 世纪末，维罗尔就对施莱格尔的新古典主义批评原则展开反击。他主张，我们应将欧里庇得斯的剧本当成文学作品来研读。在《理性主义

---

① 关于这个问题，学界有两派观点。新旧诗人的观点最初由亚里士多德在《诗术》1453b27 中提出，但他没有明确哪些是新诗人。这个问题后来也引发了学者们的广泛讨论。譬如 Else 和 Lucas 和就认为，应该把欧里庇得斯排除出旧诗人的行列。关于这个问题的讨论，详见格里高利，《欧里庇得斯与希腊人的教诲》，罗峰译，北京：华夏出版社，即出，注释①。

② ［译注］亚里士多德《诗术》中译本参见陈明珠，《〈诗术〉译笺与通绎》，北京：华夏出版社，2020 年。对《诗术》的解读，参见刘小枫，《巫阳招魂：亚里士多德〈诗术〉绎读》，北京：生活·读书·新知三联出版社，2019 年。

③ A. E. Haigh, *The Tragic Drama of the Greeks*, Oxford：Clarendon Press, 1896, p. 217.

者欧里庇得斯》（*Euripides the Rationalist*）一书中，维罗尔开宗明义，我们若想真正理解欧里庇得斯，唯一的途径就是尽我们所能去理解他。在他看来，阿里斯托芬如此苛责欧里庇得斯，实在有失公允，因为他攻击的是欧里庇得斯的"意见"，而非他的"艺术"。① 通过细致解读欧里庇得斯的几个剧本，维罗尔向我们证明，对待欧里庇得斯这样的伟大剧作家，施莱格尔的那套原则根本毫无意义。

维罗尔还力图让我们相信，欧里庇得斯的作品看似缺乏一致性，其实是他技高一筹的写作技巧。那些一眼看上去往往再平常不过的表面，往往玄机暗藏。实际上，欧里庇得斯能将真实意图隐藏起来的技巧就是"反讽"。由于欧里庇得斯的思想与当时民众意见相左，这迫使他不得不设法隐藏其真实意图。因此，欧里庇得斯只在戏剧的表面表达一些粗浅的观点，而他本人的真实意图就留待更聪明的少数人去发现。维罗尔在欧里庇得斯的解读上不遗余力，后于1905年出版了另一本解读欧里庇得斯剧本的批评文集。② 应该说，维罗尔对欧里庇得斯的文学性解读具有一定意义，但在抛弃传统批评的模式后，他依然要面对欧里庇得斯剧本中客观存在的问题。有学者看到，在面对欧里庇得斯剧本中固有的一些困难时，维罗尔的处理方式并不尽如人意。他的解读显得草率，更多只是猜想，甚至是即兴发挥。③

---

① A. W. Verrall, *Euripides the Rationalist: a Study in the History of Art and Religion*, Cambridge: at the University Press, 1895/1913, ix, pp. 1 – 2.

② A. W. Verrall, *Essays on Four Plays of Euripides: Andromache, Helen, Heracles and Orestes*, Cambridge, Cambridge University Press, 1905.

③ 维罗尔要么诉诸"反讽"等技巧，要么做出一些前后矛盾的解读，Michelini 毫不客气地称之为"传统学术的拙劣模仿"，她还指出，在处理欧里庇得斯悲剧的两个最显著特征——开场白与结尾时，维罗尔就可能导致模棱两可的结果。See Ann Norris Michelini, *Euripides and the Tragic Tradition*, Madison: The University of Wisconsin Press, 1987, pp. 12 – 15.

更重要的是，维罗尔对新古典主义的抛弃已经暗示，诗人的"意见"和"艺术"可以两相分离。言下之意，评价一个诗人好坏，标准不在他说了什么（意见），而只在他怎么说（技艺）。从这个意义上讲，维罗尔通过引出对诗人的"纯文学"性解读，推进了对欧里庇得斯的现代性解读。

维罗尔等人为欧里庇得斯的创作手法所做的辩护，在20世纪遭到一些学者的批评。多兹（E. R. Dodds）在《非理性主义者欧里庇得斯》中就表示，他是在"更古老、更宽泛的"意义上，亦即从自苏格拉底以来主导了欧里庇得斯思想的哲学范畴来理解"理性主义"这个语词。[①] 他列出了这种哲学的三个判断：1）理性是获取真理的唯一有效工具；2）实在必须能为理性所理解；3）因此，价值和事实也是理性的。通过举出《美狄亚》（*Medea*），尤其是《希珀吕托斯》文本中的例子，多兹证明，欧里庇得斯非但不是理性主义者，他还是公元前5世纪雅典非理性主义者的代表（第103页）。多兹还提出一个颇值得我们思考的问题：为什么身为剧作家的欧里庇得斯（索福克勒斯却没有）要参与这场智性革命（intellectual revolution）呢？时隔二十多年后，多兹再推力作《希腊人与非理性》。在书中，他追溯了希腊社会（主要是宗教）中存在的一些非理性因素，也分析了欧里庇得斯剧本中一些颇成问题的非理性戏剧行动。[②]

---

① E. R. Dodds, "Euripides the Irrationalist," *The Classical Review* Vol. 43, No. 3 (1929), pp. 97 – 104.

② E. R. Dodds, *The Greeks and the Irrational*, Berkeley, Los Angeles, London: University of California Press, 1951/1997. 此书一经面世，便广受学界关注，先后有10余人为此撰写书评。

基多（H. D. F. Kitto）同样看到了欧里庇得斯剧作中包含的现代性。[①]按照基多的分析，埃斯库罗斯的悲剧属于旧悲剧（old tragedy）；索福克勒斯的悲剧是中期悲剧（middle tragedy），到了欧里庇得斯，悲剧与传统已判然有别，在多方面均与传统悲剧发生偏离。基多把欧里庇得斯的剧作称为"新悲剧"。[②] 的确，欧里庇得斯的悲剧已在多重意义上预示着现代戏剧的开始。他塑造的人物从诸神和英雄转向了贩夫走卒，奴隶和外邦人，甚至女人。为此，有评论家断言，正是欧里庇得斯发现了希腊文学中女人这个维度。[③] 此外，欧里庇得斯之前的悲剧诗人，很少以男女恋爱为主题。恋爱成为悲剧的重大主题，可以说正是肇端于欧里庇得斯。[④]

现代批评浪潮的到来，进一步推进了对欧里庇得斯的文学性解读。在《欧里庇得斯与神话的轮回》（*Euripides and the Full Circle of Myth*）中，惠特曼（Cedric. H. Whitman）运用结构主义的分析方法，试图找出欧里庇得斯的三部"悲喜剧"的共同之处。他借用弗莱（Northrop Frye）对文学的分类，将欧里庇得斯的剧本归为"反讽"类型。惠特曼认为，欧里庇得斯剧中的反讽之所以比其他剧作技高一筹，在于这是一种无声的反讽，不至于破坏整剧的基调。[⑤]

---

① Michelini 详尽地介绍了这一时期的研究状况。See Ann Norris Michelini, *Euripides and the Tragic Tradition*, Madison: The University of Wisconsin Press, 1987, pp. 19 – 30. 中译参王嘉雯译，北京：生活·读书·新知三联书店，2022 年。

② H. D. F. Kitto, *Greek Tragedy: a Literary Study*, London, New York: Taylor & Francis e – Library, 1939/1950/1961/1966/2003, p. 311.

③ 在欧里庇得斯现存的 19 部剧作中，以女人冠名的剧作多达 12 部。

④ 默雷，《古希腊文学史》，孙席珍等译，上海：上海译文出版社，2007 年，页 154。默雷指出，"现代戏剧开始以来，情侣已成为左右一切的主角了"。

⑤ C. H. Whitman, *Euripides and the Full Circle of Myth*, Cambridge, Massachusetts: Harvard University Press, 1974.

西格尔（Charles Segal）更将各种现代文学批评理论运用得炉火纯青。在《酒神诗学与欧里庇得斯的〈酒神的伴侣〉》中，西格尔运用了20世纪流行的多种文艺理论，譬如结构主义，心理分析和后结构主义分析方法。[①] 西格尔指出，《酒神的伴侣》深植于公元前5世纪的智性、艺术和宗教生活，诗人借此剧表达的一些观点，对现代仍有意义。在西格尔看来，此剧关注的秩序和界线的消解问题，仍是当下值得关注的主题。他在前言中指出，欧里庇得斯剧作中蕴含的"酒神诗学"，是一种"承认并悬置各种逻辑矛盾"的独特"艺术形式"（art-form）。西格尔最后断定，欧里庇得斯正是想借此剧表明他的立场：悲剧不能仅限于维护礼法，更应揭露其"矛盾"和"弊病"，呈现一切"离经叛道之事"（deviant signals，第359页）。

亚里士多德在《诗术》中早已指出古代诗人与现代诗人的区别所在。在他眼里，古代诗人让他笔下的人物"言说政治"，现代诗人却"言说修辞"（《诗术》1450b）。换言之，诗人应是城邦教育的担纲者，诗本质上应具有政治性和伦理性。[②] 从这个意义上讲，欧里庇得斯的确是个现代诗人。

结语

尽管学界长期致力于弄清欧里庇得斯的身份之谜，但至今未能取得令人满意的进展。欧里庇得斯究竟是哲人还是诗人？答案仍然

---

① Charles Segal, *Dionysiac Poetics and Euripides' Bacchae* (expanded ed.), Princeton: Princeton University Press, 1997.

② Justina Gregory, *Euripides and the Instruction of the Athenians*, Ann Arbor: the University of Michigan Press, 1991, p. 1. [译注] 格里高利，《欧里庇得斯与雅典人的教诲》中译本参见罗峰译，北京：华夏出版社，即出。

悬而未决。德查姆（Paul Decharme）和默雷（Gilbert Murray）均表示，欧里庇得斯堪称哲人与诗人结合的完美典范。德查姆驳斥施莱格尔，说他"小觑"了欧里庇得斯，我们最好不要把欧里庇得斯的作品当成纯粹的艺术作品，而是将之视为他的"智性倾向"。① 默雷则声称，与其说欧里庇得斯是"艺术家"，不如说他是坚定的"自由主义思想家"。② 最近有学者尝试弥合这种鸿沟，解开欧里庇得斯的身份之谜。阿莎埃尔（Jacqueline Assaël）尖锐地指出，学界之所以长期陷于"诗人欧里庇得斯"与"哲人欧里庇得斯"的泥淖而不能自拔，很大原因在于无人真正将欧里庇得斯作品中的哲学因素与诗性因素结合起来。之所以会出现这种情况，是因为人们习以为常地认定，哲学和诗是两种截然不同的东西。③ 阿莎埃尔细致入微地向我们展示，欧里庇得斯如何在自己的剧作中将诗与哲学精妙地融为一体。显而易见，阿莎埃尔试图通过弥合哲学与诗的鸿沟来解决欧里庇得斯的身份之谜，但实际上，恰如尼采早已指出的，横贯在诗与哲学之间的这道鸿沟并非总能逾越。弄不好，哲学可以毁灭诗歌。④

毫无疑问，欧里庇得斯是诗人，他写的是诗作而非论著。但由于他与当时的自然哲人和智术师深刻的思想渊源，使他的剧作带上了浓郁的哲学色彩。从一定程度上讲，欧里庇得斯的身份之争的衍

---

① Paul Decharme, *Euripides and the Spirit of His Dramas*, London：Macmillan, 1906, xi.

② 默雷,《古希腊文学史》, 前揭, 页 207 – 208。

③ Jacqueline Assaël, *Euripide*, *philosophie et poète tragique*, Bruxelles：Société des études Classiques, 2001, p. 1.

④ Peter J. Ahrensdorf, *Greek Tragedy and Political Philosophy*：*Rationalism and Religion in Sophocles' Theban Plays*, Cambridge：Cambridge University Press, 2009, pp. 151 – 178, esp. pp. 151 – 52.

生，恰恰是评论者们采取了现代对哲学与文学的学科划分。其实，在古希腊，诗与哲学并不冲突。在亚里士多德看来，好的诗歌甚至必须具备哲学性。① 但如前所述，亚里士多德又的确坚持诗歌有古今的品质差别。从这个意义上讲，要想弄清欧里庇得斯的身份之谜，与其着眼于诗人与哲人的问题，不如致力于弄清从何种意义上讲，欧里庇得斯是一位"现代诗人"？②

从古希腊悲剧的发展来看，当说理取代戏剧行动的呈现成为悲剧的主导时，古典悲剧开始走向死亡，由此走向现代。在这个意义上，尼采对欧里庇得斯的批判可谓一针见血。不过，欧里庇得斯的理性主义并非源自苏格拉底。或者更确切地说，并非源自柏拉图笔下"政治转向"后的苏格拉底。尼采对苏格拉底的误解，很大程度上来源于阿里斯托芬对苏格拉底的误解：他是只懂得沉思天上之物（形而上学）而无视地上之物（政治事务）的自然哲人。因此，与其笼统地说站在欧里庇得斯背后说话的是苏格拉底，不如说站在他身后的是阿里斯托芬笔下的苏格拉底——自然哲人和智术师。③ 正因为欧里庇得斯深受这两者影响，他的剧作才具有鲜明的现代性。从这个意义上讲，欧里庇得斯作为"舞台哲人"和"现代诗人"可

---

① 亚里士多德在《诗术》中暗示，诗比史更具哲学意味，因为它描写可能发生而又必然发生之事，更具"普遍性"（1451b）。从这个意义上讲，好的悲剧创作必然包括哲学，因为它通过"发现"将"推理"引入作为悲剧灵魂的"行动"。参刘小枫、陈少明主编：《诗学解诂》，北京：华夏出版社，2006 年，页11。

② ［译注］关于欧里庇得斯与现代性错综复杂的关系，参见德·罗米伊，《欧里庇得斯的现代性》，方晖、罗峰译，罗峰校，北京：华夏出版社，即出。

③ 施特劳斯对此有详述，参见施特劳斯，《苏格拉底与阿里斯托芬》，李小均译，北京：华夏出版社，2011，页1-7。

谓一体两面。

值得注意的是，在阿里斯托芬、柏拉图和亚里士多德眼中，欧里庇得斯是一名"现代诗人"。当时的历史情境要求，一名好的悲剧诗人，同时必须是一名好的城邦教育者，而后者必须首先需要具有道德感。通过指出欧里庇得斯毫不隐晦地将一切丑事公之于众，只会败坏民众，阿里斯托芬实际上否定了欧里庇得斯的现实主义创作手法。从某种意义上讲，欧里庇得斯甚至站在了理性主义的对立面，因为他相信，对人性的最深刻理解不可能凭靠"理性"，而只有通过诗人将"情感及其矛盾"诉诸笔端。① 但由此带来的后果是，由于失去了衡量事物好坏的根据，民众可能在这种激情与矛盾的漩涡中丧失判断力。在《希珀吕托斯》中，我们就看到，引诱继子的斐德拉（Phaedra）如何通过长篇诡辩博得同情（行 373 – 430）。阿里斯托芬和亚里士多德均以此出发，否定了欧里庇得斯是一名好的悲剧诗人，因为他并没有履行甚至违背了诗人的职责。这暗示，悲剧创作的好坏不在于思想的新颖，也不在描述的大胆，而在于如何教育好人。② 好的诗人首先应是好的城邦教育者，而非反过来把有德之人变成坏人（《蛙》，行 1008 – 1013）。

阿里斯托芬看到了欧里庇得斯身上的现代禀赋。在《蛙》中，他就将欧里庇得斯刻画成传统悲剧诗人埃斯库罗斯的对手。实际上，诗人对邦民的教育也非最好。③ 这源于他们对人类事务的理解

① Charles Segal, "Confusion and Concealment in Euripides' *Hipppolytus*," *Mètis*: *Anthropologie des mondes grecs anciens* 3. 1 – 2 (1988): 263 – 64.

② 《蛙》，行 97 – 102、104 – 106，以及埃阿科斯的话，行 771 – 78。

③ 参见柏拉图对荷马等诗人的批评，《理想国》362a – b、364c – e、377c – 380c、383b – c、386 – 392 等。

的不全面。欧里庇得斯式的现代诗人需要像苏格拉底那样，从自然哲学转向政治哲学，才能保有诗的古典品质，获得对人世幽微的洞识。因此，诗人不仅要有诗才，还要有整全的理解，并懂得节制。

2019 年 5 月修订
美国炎夏里的奥斯汀

导　论

总体目的和计划

［7］本书书名《欧里庇得斯与智术师》稍有误导（书名往往存在误导）。首先，我并不打算探讨欧里庇得斯剧中貌似反映了智术师思想的诸多片段。我的目的与其说是关注作为哲学思想家的欧里庇得斯，不如说是关注作为创造性剧作家的欧里庇得斯。我要考察欧里庇得斯对智术师（有时还对其同时代人）一些重要思想的阐发，以及他如何把这些思想重塑成为他自己的戏剧主题。

我的书名可能还在另一个非常不同的方面具有误导性。我们不该认为，与欧里庇得斯同时代的这些搞哲学的人（我们称之为"智术师"）形成了某个诸如"柏拉图主义者"或"马克思主义者"那样的固定学派，虽然这种误解时有发生。因此，当我使用"智术师"一词时，我们应将之理解为一种简称，代指一群颇为不同的智识人，但他们有一个共同的基本特征，虽然这个基本特征并不总能区分他们的（社会、智识和政治）观点与同时代人的观点。

至少从西方思想史上对该词的使用来看，智术师是最早在雅典教授高等学问（higher learning）的职业教师。［8］当然，sophistês这个语词也可用来指称任何早期（非职业性）教师，无论诗人还是哲人，以及任何掌握了某门特定技艺的行家。sophistês 甚至可以用来指称被认为"过分聪明地钻营私利"（too clever for his own good）的人。在埃斯库罗斯（？）《被缚的普罗米修斯》（*Prometheus Bound*，行62－63）中，克拉托斯（Kratos）就轻蔑地用该词指称普罗米修斯。不过，在色诺芬和柏拉图的作品里，这个语词几乎专用来指称这种新兴职业教师中的任何成员。① 我们关于智术师的这类信息大多以三种方式流传下来：源于"残篇"——（所谓的）古代对智术师教诲及其佚失作品的援引（Diels－Kranz 前苏格拉底集的"B 部分"）;② 源自一些哲学学说汇编中的描述和概要（Diels－Kranz 前苏格拉底集的"A 部分"）；以及来自柏拉图对话中对不同智术师观点的戏剧性呈现，这种来源最广泛，但某种程度上最不可靠。

从这些"来源"的性质可以清楚看出，要做出任何关于智术师及其教诲的总体概述，都需谨慎。我们阅读柏拉图早期对话中苏格拉底与各色智术师的论辩，研读 Diels－Kranz（卷二，*Altere Sophistik*，页252－416）整理得井井有条的"智术师残篇"时，我们都倾向于把智术师视为某个（比他们可能的）更同质、也更好辨认的团体，尤其从他们的思想来看。严格说来，教授修辞术牟利（兴许包括其中隐含的实用主义哲学进路）是智术师的唯一基本特征。他们不一定在所有问题上都看法一致，虽然我们也会看到，有证据表明，

---

① 有关智术师的大量研究，部分会在下文提及，尤见 M. Untersteiner, *The Sophists*, translated by Kathleen Freeman（Oxford, 1954）; W. K. C. Guthrie, *The Sophists*（Cambridge, 1971）= vol. III, part 1 of his *A History of Greek Philosophy*（Cambridge, 1969）; C. J. Classen, ed., *Sophistik*, *Wege der Forschung* 187（Darmstadt, 1976）及此书提供的参考文献; G. B. Kerferd, *The Sophists*（Cambridge, 1981）。

② Hermann Diels, *Die Fragmente der Vorsokratiker*, herausgegeben von Walther Kranz（6th ed.; Berlin, 1954）, pp. 252－405.

他们中的一些人至少在若干观点上看法相同。因此同样，另一些非职业教师的同时代思想家，[9] 可能也认同了智术师的一些观点或者探讨过相似的问题，尤其那些涉及伦理事务和政治事务的问题。

这些智术师大多是周游各邦的智者（wise men）。公元前 5 世纪中期和晚期，雅典的政治经济实力登峰造极之时，他们（从说希腊语的世界各地）云集于雅典。我们主要把智术师视为教授修辞术的老师；正是凭借这项能力，他们吸引富家子弟拜入门下，因为在雅典民主时期，劝谕的技艺是获取权力的关键手段。不过，智术训练和诡辩思想，的确相当程度上超出了我们所认为的"修辞技艺"甚或"政治技艺"——柏拉图笔下（至少在他的《普罗塔戈拉》中）的智术师最关注"政治技艺"。而正是智术师教诲的这一实用方面，决定了他们的总体思想应关注人，而非其哲学前辈的宇宙思考。正是这点导致智术师探究法律和文明的起源，否定传统神话对这些事务的解释，除非这些神话是隐含真理的象征、类比或无意识反映。智术师对"存在"（being）和"真实"（reality）本质的关注，及其对我们人如何理解这一本质的关注，也以人类为起点，而非像纯科学那样关注外部世界。因此，在智术师的伦理思想中，某种程度的相对论（涉及个体的人和他们各自的处境）也往往取代绝对的祖传价值。

由此可见，智术师很像他们那个时代的思想先锋（avant-garde）。欧里庇得斯也一样。从我们由他的剧作了解到的他对政治、社会和传统信仰的态度来看，欧里庇得斯在进路上与智术师志趣相投，也就不足为怪了。[10] 不过，要探究欧里庇得斯对智术师观点的运用（如果有的话），我们要面对一个可能看来无法克服的难题：关于这些观点（尤其是细节），我们知之甚少。

我已经描述过，关于智术师的观点和教诲，传统留给我们的材料是多么不足，对某个具体的智术师，我们往往只知其主要思想，或只知其思想的"胚芽"，这样一来，我们就不晓得欧里庇得斯如何展开了这种思想。不过，这种局限对眼下探究的阻碍并没有看起来那么大。欧里庇得斯不是哲人，甚至不是一位系统的思想家；他是剧作家，一个纯粹的戏剧人。因此，我们基本不必费心确定欧里庇得斯本人如何看待智术师的教诲，以及他如何看待智术师宣扬并探讨的各种主题。

欧里庇得斯诚然是时代精神（Zeitgeist）极为重要的一部分。他显然谙熟主要的智术师主题和学说，很可能，这些主题和学说构成了他那个时代雅典的日常智性对谈。当然，欧里庇得斯本人可能也与某些智术师有过交谈，聆听了一些智术师的讲学，但我们没有确凿证据证明这点。后世的学说汇纂家喜欢把欧里庇得斯描述为智术师普罗狄科（比他年轻的同时代人）的听众，他们还告诉我们，普罗塔戈拉其实在欧里庇得斯家中写成或诵读了他的论文；当然，这类传说仅仅描述了欧里庇得斯与智术师似乎可能存在的那种关联。但我们要关注的是欧里庇得斯如何戏剧性处理了著名的智术师观点和主题（它们仿佛智术师的"大头条"［Sophistic headlines］，剧场观众对此司空见惯），而非智术师的详细观点。譬如，我们有时可能会发现，智术师对传统德性［11］模棱两可的观点，体现于欧里庇得斯剧中的歌队与角色对不同情境做出针锋相对的反应。有时候，貌似简单的智术师主题，经剧作家多重戏剧性视角审视，会呈现出某种新的复杂性和悲剧意义。还有些时候，某个惊世骇俗的新智术师学说，在欧里庇得斯悲 - 喜剧的精妙戏仿中遭到反讽的歪曲。因此，无论欧里庇得斯以悲剧手法还是反讽地处理他的题材，这位爱用诗歌传达思想的诗人，总能成功为他的盗用打下自己特有的烙印。幸运的是，要理解欧里庇得斯的这些手法，我们通常无需详细了解智术师的教诲（往往不复存在）。

同样的观点也适用于诗人对诡辩观点的处理。我们把那些归于柏拉图对话中各色智术师的观点称为诡辩。当然，这种归属（至少它们用于具体的观点时）是否成立，有待商榷：至少从某种意义上说，这里所关注的智术师们都是对话中的角色，我们得承认，至少某种程度而言，他们的观点促成了柏拉图的辩证法，他们在其中扮演了自己的角色。我们也要记住，在这种关系中，柏拉图对很多智术师显示出某种偏见，特别是当他将之呈现为（通常对他们不利）与柏拉图笔下的苏格拉底论辩时某些观点的支持者时。不过，在这些对话中，归于智术师的那些主要论题和特定学说必须具备一定的有效性，以确保柏拉图对智术师与苏格拉底论辩的呈现有意义——对那些可能见识过类似交锋的同时代人而言，这点尤其重要。

虽然本研究主要关注［12］欧里庇得斯如何戏剧性探究了与智术师特别相关的一些观点，不过，这些以及类似的论题，其他同时代智识人也会去探讨，比如，以跟智术师密切交往著称的克利提阿斯（Critias），当然还有苏格拉底——从柏拉图对话可知，苏格拉底时常与智术师论辩。① 兴许，欧里庇得斯本人可能没有截然区分苏格拉底的观点与智术师的观点。毋庸置疑，双方对各种问题（明显的例子是"德性是否可教"）有着相同的兴趣，无论他们的答案有多大相径庭；当这些论题出现在欧里庇得斯剧中时，这位剧作家很

---

① 关于我们能在何种程度上真正辨认柏拉图对话中苏格拉底的思想，尤见 Gregory Vlastos, *Socrates, Ironist and Moral Philosopher* (Cambridge, 1991), pp. 45 ff. Vlastos 认为，柏拉图早期对话中归于苏格拉底的哲学（包括本研究迄今提到过的所有对话），是"柏拉图在虚构的对话中对史上的苏格拉底的再现，这些对话探究了苏格拉底哲学的内容，展现了苏格拉底哲学的方法"（p. 49）。

可能反映甚至一道批评了苏格拉底和智术师的观点。

对于他借自或"取自"智术师教诲的各种主题，欧里庇得斯的处理方式有几类，既有悲剧的，也有近乎讽刺的；因此我们会看到，对这些主题和学说的戏剧性运用，本身不一定暗示诗人对此是接受还是否定。我只想表明，选出来考察的那些"改写"，应该带有这位剧作家自身独创性的印记。

从欧里庇得斯并非一时兴起关注的若干智术主题中，我只选取了五个主题。在分析每个主题时，我也只探讨了欧里庇得斯的两三部剧，遇到戏剧观点彰明较著的改写时，有时也只涉及一部剧。

在我选定的五个主题中，前两个涉及"德性"的本质与"德性"是否可教的问题；第三个主题牵涉到修辞的力量（尤其政治力量）与滥用；第四个主题是"德性"的相对性；最后一个主题涉及 nomos 的含义（在不同语境中指"社会法"［social law］或"习俗"［custom］），尤其是 nomos 与 phusis（"自然法"）的对立。

［13］我在前两章（第一章和第二章）和最后两章（第四章和第五章）采用的步骤，是先展示尽可能包含了相关智术师思想和学说的残篇和选段引文，引文之后讨论欧里庇得斯的相关剧作和戏段。在探讨修辞的力量和滥用的中间这章（第三章）时，我的步骤会略有不同。我将试着从两部剧表明，欧里庇得斯证实了智术师修辞术的力量和滥用（尤其在政治语境中）。在其中一个例证中，欧里庇得斯的戏剧性呈现简直令智术师本人相形见绌——这里说的是智术师本人的劝谕技艺（他对哲学问题的某些戏剧性呈现也是如此）。

在这些讨论中，材料有时难免重叠，尤其智术师述及不同"德性"的那些段落。在这些情形下，更可取的做法可能是重述一些简短的引文或文献而非让读者回到前文。

前人的观点

我在前文已表明，诸多学者已经评论过欧里庇得斯那些貌似在某种程度上反映了智术师观点的戏段。在此，我例举一下为数不多更为细致地考察过这个问题的学者。在早期评论家中，内斯托尔（Nestle）和德查姆尤其关注欧里庇得斯与他的时代的哲学和智性问题的关系。① 不过，可能遵循他们的时代精神，两位评论家都没能足够明晰地（显然满足不了［14］本研究的目的）区分剧作家欧里庇得斯（Euripides the dramatist）与思想家欧里庇得斯（Euripides the thinker）（他们倾向于认定欧里庇得斯是思想家）。

因此，内斯托尔认为，我们的诗人是一位追求宗教、伦理和政治事务真理之人，欲借狄俄尼索斯剧场（Theatre of Dionysus）向邦民同胞传达自己的发现（有些情况可能的确如此，但依我之见并非总是这样）。但在智术师对欧里庇得斯的实际影响（他在若干不同语境中讨论了这个问题），以及智术师与诗人思想契合的问题上，内斯托尔含糊其辞。内斯托尔因此认为，欧里庇得斯和智术师一样质疑传统诸神，和他们一样关注礼法与自然的对立，还一道关注事物的名称（onomata）是否真的代表事物（chrêmata）本身的问题。同样，在内斯托尔看来，至少在某种程度上，欧里庇得斯认同由普罗塔戈拉提出的伦理相对性的智术师观点，虽然他怀疑，在这个问题上，欧里庇得斯是否和智术师一样立场激进（Nestle［1901］，pp. 4 – 6 and pp. 46 – 49）。然而，在这里（及别处），内斯托尔没有

---

① 　Wilhelm Nestle, *Euripides, der Dichter der griechistchen Aufklärung* (Stuttgart, 1901)；Paul Decharme, *Euripides and the Spirit of His Dramas*, translated by James Loeb (New York, 1906).

给戏剧的灵活性留出足够余地，在考察欧里庇得斯笔下不同人物的观点时，他有时也没给相关戏剧性观点留出足够的余地。内斯托尔在处理智术师的修辞术时尤其如此。因此，对于珀吕内刻斯（Poly-neices）对（《腓尼基少女》[Phoenissae]，行 469 及下）厄特俄克勒斯（Eteocles）演说的评价"正义的事业无需言辞的人工修饰"，内斯托尔评论道，"欧里庇得斯欲撇清与智术师虚假的、似是而非的修辞（unwahren Redekunst）的关系"（Nestle，p. 47）。此言或许不假，但（无论此处还是别处）内斯托尔几乎没有为诗人让戏剧人物道出不同观点的做法留下余地。尽管如此，在下面几章要探讨的那些对智术师观点的各种思考中，[15] 我们无疑要参考内斯托尔。

较之内斯托尔，德查姆更注重区分欧里庇得斯剧中人物表达的观点与他认为的诗人所持的观点。为此，德查姆提出三大标准（see Decharme [1906]，pp. 20 – 42）。其中一个标准涉及某些观点的出现、出现的频次及其在诗人不同创作时期的重现。另一个标准涉及这些观点是否契合言说者以及是否切合戏剧情境。第三个标准（三大标准中最微妙）涉及戏剧"风格"（mannerisms），据说这是诗人引人关注某个观点的路标。可能并非所有读者都会和德查姆一样相信这些标准，但他确实真诚地想要搞清欧里庇得斯本人对传统宗教、哲学、社会事务和政治事务的看法。

因此我们看到，与其说德查姆关注欧里庇得斯的观点，不如说他关注欧里庇得斯如何戏剧性地运用了智术师的观点。此外，对欧里庇得斯与智术师教诲相互关系的讨论（Decharme，pp. 34 – 42），德查姆仅限于几个欧里庇得斯戏段，据称，这些戏段要么反映了普罗塔戈拉的主观主义，要么表明了智术师辩护不义之事的技艺。但即便如此，德查姆也援引了其他戏段证明，诗人批评了智术师如是运用修辞：在这些形形色色的例子里，德查姆（和内斯托尔一样）似乎毫不在意所引戏段的戏剧情境和目的。

德查姆最后认定，尽管欧里庇得斯的确显得与智术师精神密切相关，但彼时他的思想已足够成熟，就算跟任何智术师交游，也不会对他的思想产生多大影响（Decharme，pp. 41 – 42）。但这位评论家也指出，

> ［他］要是没有放弃哲学，转投舞台，欧里庇得斯兴许早已［16］无师自通……位列于大智术师，就算他成不了头号智术师（Decharme，p. 42）。

温特斯坦纳（Untersteiner）这位早期评论家也试图找出欧里庇得斯与智术师在哲学上的密切关联。① 的确，较之前文提到的那两位评论家，这位学者似乎（有时据可疑的证据）更相信，诗人和哲人有着更紧密的思想交流。比如我们看到，温特斯坦纳对第奥根尼·拉尔修记载的生平轶事深信不疑，认为普罗塔戈拉在欧里庇得斯家中诵读了他的著作《论诸神》（On the Gods）的开头（Untersteiner，p. 4 and note 3）。此外，温特斯坦纳的著作主要论及智术师，往往只在谈及某些具体观点时提到欧里庇得斯。

当代（尤其是最近的）评论家倾向于认为，欧里庇得斯构成了公元前 5 世纪下半叶智术师时代精神的重要组成部分。有别于上一代评论家，他们（少数例外）承认，欧里庇得斯首先是剧作家，而非哲人或政治思想家。个别评论家还有见地地指出，较之那些热衷于向广大观众传达其论争的职业教师们，欧里庇得斯往往能成功地

---

① Mario Untersteiner, *The Sophists*, translated by Kathleen Freeman (Oxford, 1954).

运用戏剧术语向更广泛的观众传达智术师的论争，尤其是传达对富有争议的政治事务的看法。关于这点及相关观点，尤见克罗阿里（Croally）、古德希尔（Goldhill）和维尔南（Vernant）的讨论。① 因此总体而言，学界最近倾向于认为，欧里庇得斯总体上不是在批评智术师（我们已经看到，内斯托尔有时就这么认为），而是智术师的同盟。我认为最有用的当代（除了已经提到的那些）研究中，有布莱恩（Burian）、巴克斯顿（Buxton）、克拉森（Classen）、科拉德（Collard）、格里高利（Gregory）、莱德（Lloyd）和米可里尼（Michelini）的研究。② 通过以下［17］章节的讨论，我希望我的研究路径能彰显与这些评论家的差异。

---

① N. T. Croally, *Euripidean Polemic*, *The Trojan Women and the Function of Tragedy* (Cambridge, 1994), esp. pp. 10, 19 – 20, 16, 221ff.; Simon Goldhill, *Reading Greek Tragedy* (Cambridge, 1986); J. P. Vernant, "Greek Tragedy: Problem of Interpretation", in *The Structuralist Controversy*, eds. Rochard Macksey and Eugenio Donato (Baltimore and London, 1972).

② Peter Burian, ed., *Directions in Euripidean Criticism* (Durham, 1955), 以及 Burian 的文章，"Logos and Pathos: The Politics of the *Suppliant Women*," pp. 129 –155; R. G. A. Buxton, *Persuasion in Greek Tragedy* (Cambridge, 1982), ch. 1 passim, and ch. 5, pp. 187 ff; C. J. Classen ed., *Sophistik*, Darmstadt (1976), 以及 Classen 本人的文章，"The Study of Language," p. 215 – 247; Christopher Collard, "Formal Debates in Euriidean Drama," *G & R* (1975), pp. 58 –71; Justina Gregory, *Euripides and the Instruction of the Athenians* (Ann Arbor, 1991), "Introduction"（该研究可能有点过于强调欧里庇得斯剧中的教育因素，尤其是他关于政治事务的教诲）；Michael Lloyd, *The Agon in Euripides* (Oxford, 1992), pp. 28 – 35; 以及 Ann M. Michelini, *Euripides and the Tragic Tradition* (Madison, 1987), pp. 52ff., 71, 120, 126 –127, 273 –289（在页 126 –127, Michelini 将欧里庇得斯视为"智术师的代言人"，但在页 40 –41，她又认为诗人不时持"反智术师"观点）。

欧里庇得斯与智术师对诸神的看法举隅

我可能需要在导论的最后做些初步说明。毋庸置疑，欧里庇得斯对诸神和传统神话的处理，在针对这位剧作家的诸多研究中举足轻重。不过，尽管在不同剧作中，欧里庇得斯显得对诸神作了不同处理，但依我之见，他的处理也的确具有某些共同特征。这也表明，智术师关于诸神的教诲与欧里庇得斯对诸神的看法具有某种清晰可辨的关联。有别于接下来各章关于欧里庇得斯对具体的智术师主题的处理，这个主题不仅更广泛，也更暧昧不清。因此，我想在导论结尾部分援引并分析几个欧里庇得斯戏段，这几段以异常惊人的方式表明了智术师对"神话传统"看法的某些典型特征以及欧里庇得斯的回应。

出现在欧里庇得斯《疯狂的赫拉克勒斯》（*Heracles*）中的一个关于诸神的奇怪戏段，显得抵牾于整个剧情或作为整剧基础的故事（muthos）。当赫拉克勒斯从由赫拉（因嫉恨赫拉克勒斯的父亲宙斯）引发的疯狂中清醒过来时，他对朋友忒修斯（Theseus）说道：

> 我不认为诸神会热衷于搞
> 不正当的婚姻，至于把手铐起来的事
> 我更是从未相信过也永远不会相信，
> 我不［18］相信一个人会生来就是别人的君主。
> 因为神若真是神的话，他并不
> 匮乏什么（deitai...oudenos）（《疯狂的赫拉克勒斯》
> ［*HF*］，行 1341 – 1346）①

---

① ［译按］《疯狂的赫拉克勒斯》中译本参见张竹明译，收于《古希腊悲剧喜剧全集》，张竹明、王焕生译，第 4 卷，南京：译林出版社，2007。

剧中已清楚表明，赫拉克勒斯知道谁令他发狂，也知其所以然（行 1303 – 1310）。但在几段痛斥赫拉行为的话中（其中一段［行 1307 – 1310］提到赫拉的动机：她妒忌宙斯与赫拉克勒斯母亲阿尔克墨涅［Alcmene］的奸情），我们读到了这段不同寻常的话，这段话否认了诸神会犯下这般罪行。

一段出自安提丰（Antiphon）"论真理"（"On Truth"）一文中的智术师残篇，表达了类似的看法：

> 因此，他［神?］什么都不缺乏（oudenos deitai），也不从任何人那里接受任何东西，他完全自足。（D – K 87 B10）

这段话主语不明，想必是神（theos），也可能是心智（nous），亦即阿那克萨戈拉的"宇宙心灵"（world mind）（A. Diès 持后一种观点，Diels 引述了这段话，他认为这段残篇既是 Antiphon B1 的逻辑延伸，也是对阿那克萨戈拉的解释）。不过，克塞诺芬尼斯（Xenophanes）的若干残篇表明，早在安提丰及其公元前 5 世纪的同代人之前，就有人持这种诸神观，因为在公元前 6 世纪，克塞诺芬尼斯就已明确批评荷马和赫西俄德把"偷盗、通奸、尔虞我诈"等丑事归在诸神名下（见 D – K 21 B12 和 B13），他甚至假定了一位至高神的自足与全能：

> 存在一位神。神们和凡人中最伟大的那位。［B23］
> ［19］［神］拥有完美的视力、听力和理解力。［B24］
> ［神］凭心智毫不费力地推动万物。［B25］

因此，这似乎表明，在那段引自《疯狂的赫拉克勒斯》的段落中，欧里庇得斯是在思考一种关于诸神的观点，这种观点若谈不上原创，也至少流行于同时代的智术师思想。那么，欧里庇得斯让赫拉克勒斯道出这种智术师观点有何戏剧性目的呢？《疯狂的赫拉克勒斯》的主题涉及的若干对比中有这样一组对比：凡人英雄之间的友爱（philia）（譬如赫拉克勒斯与忒修斯）与传统神话诸神的冷漠和不道德行为。为了表现这个主题，剧作家不得不将诸神呈现为传统的神人同形。现在（行 1341 – 1346），欧里庇得斯就好像一时拉起了这扇百叶窗，让观众也能更清楚地认识此剧行动用切合这种戏剧处理的神话方式（隐微）传达的教海，就是传统诸神观的不真实性，甚至不可信。因此，在此剧中（在某种意义上，这个"成问题的戏段"是理解此剧的密匙），欧里庇得斯令人耳目一新而富有创造性地传达了一个同时代的哲学观点。[①]

在《厄勒克特拉》（*Electra*）中，欧里庇得斯呈现了他关于这个传统复仇故事的版本：厄勒克特拉和俄瑞斯忒斯报复埃吉斯托斯（Aegisthus）和母亲克吕泰涅斯特拉（Clytemnestra），因为他们谋害了父亲阿伽门农。就在俄瑞斯忒斯动身（向埃吉斯托斯）实施第一

[①] 当然，对欧里庇得斯《赫拉克勒斯的儿女》这段话意图的解释，会随我们对全剧的解读及文脉不同而不同。对隐含在上文解释中的解读，见 Desmond J. Conacher，*Euripidean Drama*，ch. 4. especially pp. 88 – 90。对这段话截然不同的看法，见 H. O. Chalk，"Arete and Bia in the *Herakles*，" *JHS* 82（1962），pp. 7 – 18。特别是关于 Godfrey Bond 对行 1342 – 1346 的注解，见他的版本，*Euripides*，*Heracles*（Oxford，1981）及此书所列的参考文献。譬如，Bond 认为，这段话直接详细回应了忒修斯的观点（行 1314 – 1321）——当然，此话不假。不过，这也不能抹去一个事实，即这番话显然不符合赫拉克勒斯在这段话前后表达的对诸神（尤其对赫拉）的看法，也的确与全剧的戏剧行动和情境互生龃龉。连欧里庇得斯时代的观众也会惊讶于这种不一致，因此这必然是诗人有意为之。将之完全归因为"情境下的修辞"打发这种困难，似乎远远不够（Dale 版欧里庇得斯《阿尔刻斯提斯》导论中的话 [Oxford，1954]，xxiv 及下，她还揶揄了维罗尔）。我们不必成为维罗尔也能发现，《疯狂的赫拉克勒斯》（*HF*）行 1341 及下非同寻常，连欧里庇得斯也会这么认为。

场复仇行动前，欧里庇得斯让歌队吟唱了一首颂歌，这首颂歌（和前一首颂歌一样，行 432 – 486）与这部极为写实和（对古希腊悲剧而言）世俗的剧作的戏剧行动风马牛不相及。这首［20］颂歌（第二合唱歌，行 699 – 746）赞美提厄斯特斯（Thyestes）为护象征王权的金羊，勾引阿特柔斯（Atreus）之妻的故事。这则神话故事言归正传前，讲述了宙斯如何因提厄斯特斯的行为盛怒而改变太阳的轨迹，并评说，倘若克吕泰涅斯特拉记得这种天谴（divine punishment）的故事，她就不会胆敢谋害亲夫（行 745 – 746）。

> 故事是这么说的，
> 但我不大能相信，
> 金光闪闪的太阳
> 为了凡人的争夺
> 转过他炽热的座位方向，
> 作为对他们的惩罚。
> 不过，可怕的故事对于凡人还是有益，
> 可以叫他们尊重神灵。（《厄勒克特拉》，行 737 – 744）①

我们在克利提阿斯（Critias）的《西西弗斯》（Sisyphus）残篇中看到了类似的说法，虽然这段残篇更激进地把神圣的神话解释为"警世"（cautionary）之言。言说者就是在把诸神的创生解释为文明社会进化的一部分。尽管惩罚性法律（retributive laws）也已制定，人类却依然偷偷行不义，那么（依言说者之见）：

> 某个智者"发现了"凡人对诸神的畏惧，因此，恶人要是

---

① ［译注］《厄勒克特拉》中译本参见张竹明译，《古希腊悲剧喜剧全集》，张竹明、王焕生译，第 4 卷，南京：译林出版社，2007。

行了、说了或者想了任何［不义］，他们就会心生恐惧。（D -
K 8 B25）

（但要注意，埃提俄斯［Aetius］认为，克利提阿斯《西西弗
斯》这段残篇中的几句话——这几句话大多论述了与上述引文相似
的素材，出自欧里庇得斯，欧里庇得斯也创作过一部名为《西西弗
斯》的萨图尔剧。）

这样一来，透过歌队多少有些怀疑的评论，［21］欧里庇得斯
似乎是在让歌队反映一种智术师关于传统诸神神话的流行看法，特
别是关于神惩罚人类的犯罪行为的看法。同样，我们不妨放眼全剧，
探究剧作家在这一戏段中的意图。

通常认为，较之传统的例子，欧里庇得斯更注重在心理层面
上真实地呈现厄勒克特拉（特别是针对克吕泰涅斯特拉）的复仇
动机。在埃斯库罗斯的《奠酒人》（*Choephrori*）中，俄瑞斯忒斯
和（在剧中扮演次要角色的）厄勒克特拉在完成阿波罗神的复仇
命令时，都没有多少选择余地。而在欧里庇得斯的《厄勒克特拉》
中，厄勒克特拉主导了一切行动，只差亲自动手。现在，剧作家无
以复加地强调了厄勒克特拉本人的各种人类动机——不仅有仇恨和
复仇，还有对自身命运的憎恶和对母亲的忌妒，这点尤其体现在剧
作的前半部分中。因此，这种看法可能不算太离谱：通过让歌队重
述并否定一则有关神怒（divine wrath）的传说，诗人批评并否定了
传统对此剧复仇神话更为传统的处理。果真如此，那么我们不妨认
为，欧里庇得斯再次重塑了流行的哲学看法，以传达他本人的戏剧
性观点。

欧里庇得斯《赫卡柏》里的一小段奇怪的戏文，可与这个《厄
勒克特拉》选段媲美（至少在"智术师"关于有神论的可能起源的
看法上）。在这里，被俘的特洛亚王后正伺机报复她的前盟友珀吕

墨斯托耳（Polymestor）（他杀死了赫卡柏［托付给他］的小儿子珀吕多洛斯［Polydorus］），因为这种暴行违反了好客的礼法。赫卡柏据此求助夙敌阿伽门农王，（寄望于）让他捍卫［22］最初意义上的礼法——"文明行为"以及监管这种行为的惩罚：

> 我们是奴隶，或许是弱者，
>
> 但诸神是强者，并且还有比神更强的
>
> 礼法；因为我们凭着礼法相信有神，
>
> 并在生活中判断正义和不义。（《赫卡柏》，行 798 –
801）①

（稍后第五章还会谈到欧里庇得斯若干涉及礼法的段落，以及智术师对这个观念的看法，届时，我还会回到这段有意思的话。）

在欧里庇得斯《酒神的伴侣》第一场戏中，阿波罗的老先知忒瑞西阿斯几次三番试图劝说年轻的国王彭透斯：接纳"新"神狄俄尼索斯不仅正确，也有必要——彭透斯明确否认了狄俄尼索斯的神性：

> ……两位神
>
> 在人间最重要：女神得墨特耳，
>
> 就是地母，随你怎么称呼她；
>
> 她用固体粮食养育凡人。（行 274 – 277）
>
> 随之而来的是塞默勒的儿子，
>
> 他发明了葡萄的液体饮品，引入

---

① ［译注］《赫卡柏》中译本参见张竹明译，收于《古希腊悲剧喜剧全集》，张竹明、王焕生译，第 3 卷，南京：译林出版社，2007。

凡间，消除辛劳的凡人的

困苦，每当他们灌足了葡萄酒；

他还赐予睡梦，使他们忘却白天的不幸。（行 279 – 281）

他身为神祇，又被用来向诸神奠酒，

正因为他，人类才拥有各种好的东西。（行 284 – 285）①

　　在欧里庇得斯剧作中，这些话最清楚地表明，［23］要确认一位神，要么依据神带来的好东西（得墨特耳和狄俄尼索斯，分别见行 274 – 277 和行 284 – 295），要么依据［谁是］好东西的发明者（狄俄尼索斯，行 279 – 281）。

　　与这两种看法相若的清晰表述也出现在两段描述智术师普罗狄科（Prodicus）教诲的片段里——固然，这不是普罗狄科本人的观点，而是他认为的“古人”（hoi polaioi）的看法：

　　　　［根据普罗狄科］古人认为，一切对我们的生活有用之物皆为诸神，因为他们有用处……因此，面包被称作得墨特耳、葡萄酒被称为狄俄尼索斯、水被称为波塞冬（Poseidon），火被称为赫淮斯托斯（Hephaestus），其他最有用的东西以此类推。（D – K 84 B5，节选）

　　塞克斯托斯（Sextus）只告诉我们这些（*Adv. Math.* ix. 18）。菲洛德摩斯（Philodemus）（c. 9，7. p. 75 G）接着告诉我们（依然援引普罗狄科的说法）：

---

　　① ［译注］《酒神的伴侣》中译本参见罗峰译，收于《酒神与世界城邦：欧里庇得斯〈酒神的伴侣〉义疏》，下卷，北京：商务印书馆，2020。

> ……后来（meta de tauta），那些发现了滋养方式，或者
> ［发明了］庇护及其他方式的都被视为神们，例如得墨特耳和
> 狄俄尼索斯……（节选自 D－K 84 B5，强调为笔者所加）

（的确，在一段残篇［88 B6］中，普罗狄科的同时代人克利提阿斯本人就把有益的人类境况等同于神："健康……是诸神送给凡人的最好的礼物。"不过，文脉一清二楚地表明，这只是隐喻上的等同，而非实际等同。）

多兹已经对比了忒瑞西阿斯关于得墨特耳和狄俄尼索斯的声称与普罗狄科的残篇（D－K 84 B5），虽然他没有援引上述引文中普罗狄科教诲的第二部分。①

［24］对于欧里庇得斯《酒神的伴侣》中关于诸神的这些宣称，以及普罗狄科所述的"古人的"观点，我们还能对比欧里庇得斯与智术师的一两段其他文本，这些文本明显"把某位神等同于某种现象或人类情感"。

在欧里庇得斯的《希珀吕托斯》（*Hippolytus*）中，乳母（Nurse）震惊地发现，贞洁的女主人斐德拉竟然（虽然违心地）爱上了继子，她惊呼：

> 库普里斯（Cypris）［即阿弗洛狄特］看来不是什么神，
> 或许是一个比神还要强大的别的东西……（《希珀吕托
> 斯》，行 359－360）②

---

① 参见 Dodds 对《酒神的伴侣》行 274－285 的有趣笺释，包括他对这个问题的探讨：普罗狄科描述的这个观点本身就是一种真实的信仰，还是在理性解释某种真实的信仰？

② ［译注］《希珀吕托斯》中译本参见张竹明译，收于《古希腊悲剧喜剧全集》，张竹明、王焕生译，第4卷，南京：译林出版社，2007。

　　的确，在整出剧中，"阿弗洛狄特"可以说就是异性恋激情（heterosexual passion），如下文所引安提丰的残篇（87 B17）所示，而非她"象征"这种激情，阿弗洛狄特也不是"异性恋激情的女神"。甚至在开场白中，当阿弗洛狄特说起希珀吕托斯时，

　　　　……他说我是众神中最卑微的一个；

　　　　他立誓禁欲，终身不娶（anainetai de lektra kou psauei gamôn，行 14）。

她就在剧中竭力接近一位女神的自我认同，将自己等同于我们所谓的非人的力量［impersonal force］，这位女神的措辞就倾向于支撑这种看法。

　　关于阿弗洛狄特的类似的含混，还出现在欧里庇得斯的《特洛亚妇女》（*The Trojan Women*）中。其时，海伦借口称，是阿弗洛狄特迫使她与帕里斯私奔。赫卡柏在耻笑海伦的借口时表示指出，

　　　　你一看见他［帕里斯］心智（nous）就变成了库普里斯（epoiêthê Kypris）：

　　　　一切的不理智便是凡人的"阿弗洛狄特"，

　　　　这位女神的名字以"不明智"（aphrosunê）开头是有道理的。（行 988–990）

［25］这种涉及耍弄发音和含义的双关（阿弗洛狄特/不节制［Aphrodite/aphrosunê］），是尤受欧里庇得斯和智术师青睐的一类双关。埃斯库罗斯也偏爱这种双关语，譬如《阿伽门农》（行 689–690）就用海伦的名字玩起了双关。

　　可与这些片段进行比较的还有另外一个智术师片段。亚历山大时期的词典编撰家哈玻克拉提翁（Harpocration）引述安提丰时认为

他"首次用'阿弗洛狄特'代指'性快感'"（D – K 87 B17）。

　　由上述各类段落我们很容易推测，欧里庇得斯是在运用智术师（最明显的可能是普罗狄科的观点）关于诸神及诸神神话起源的各种观点；在每一个例子中，欧里庇得斯都没有严格考虑历史的准确性，而是改写并展开了这些观点，使之契合他本人的戏剧主题。

第一章　德性的本质与德性是否可教

智术师的观点

[26] 既如此，我们不妨先看看智术师对"德性"（aretê）的某些看法（其中一例暗示了"苏格拉底"的观点）以及他们对不同语境中的不同德性的看法。

由于智术师是首批在雅典教授德性的职业教师，那么自然，德性真的可教还是需通过其他一些方式生发，这个问题就至关重要。最清楚地表明智术师对这个问题主张的例子，出现在柏拉图《普罗塔戈拉》（《普罗塔戈拉》317b 及下 = D – K 80 A5）开篇不久：

> [普罗塔戈拉] 我哩，采取的是与这些人完全相反的做法：我既承认自己是智术师，也承认我 [b5] 教育人们。而且我认为，这样一种小心谨慎比那样一种更好：与其否认不如承认更好。当然，除此之外，我也考虑到其他 [小心谨慎]，所以，凭神来说，我不会由于 [317c] 承认自己是智术师而遭遇任何可怕的事情……要学的东西是持家方面的善谋 [深思熟虑]，即自己如何最好地齐家，[319a] 然后是城邦事务方面的善谋，即如何在城邦事务方面最有能耐地行事和说话……[苏格拉底] 你对我说的似乎是治邦术 [政治术]，而且许诺把人造就

为［a5］好公民［城邦民］？——没错，这正是，他回答说……［苏格拉底］你却让自己在所有希腊人面前公开亮相，叫自己为智术师，使得自己［27］大有教育和德性教师的名气，第一个想到自己应该为此收取学费。①

当然，苏格拉底不认同普罗塔戈拉对这个问题的看法。其实，《普罗塔戈拉》的整个长篇论述就导向苏格拉底的论证：任何"德性"都不是某种可以教会的专门"技艺"（technê），所有德性（"节制"［sôphrosunê］、"正义"［dikaiosunê］、"虔敬"［hosiotês］和"勇敢"［andreia］）是一（one）。而这个一就是"知识"（sophia）。最后，苏格拉底的确断言，从这些方面来看，"德性"才是可教的（《普罗塔戈拉》360e）。

我们还要注意（因为这点关乎我们将要讨论的其中一个欧里庇得斯戏段），在确立知识统摄所有德性的过程中，苏格拉底大费周章（《普罗塔戈拉》353a及下）地驳斥了一种流行观点。这种观点认为，快乐、痛苦或者情感（如愤怒）能推倒这种知识，因此，一个人就算知道"何为最好"，也没法做到这点。②

另一部提出德性"是否可教"问题的苏格拉底对话（语境略有不同）是《美诺》（Meno）。尽管这部对话结尾没有给出结论性回答（我们在对话结尾［99e］获知，"我们必须先搞清楚德性为何"），但美诺抛出这个话题的方式揭示了智术师时期探讨德性的方式。"德性可教吗？"美诺问苏格拉底，

---

① ［译注］《普罗塔戈拉》中译本参见刘小枫译，收于《柏拉图四书》，北京：生活·读书·新知三联书店，2015。

② 在这里的论证过程中，我们不讨论苏格拉底的诉求，及其隐含的对快乐的享乐主义的考量，这种考量与柏拉图此处讨论的辩证法层面有关。

……还是实践出德性？又或者……德性源于人的自然
[phusei] 抑或其他方式？(《美诺》70a)

我们会发现，对这些观点的择取，与下文要探讨的若干欧里庇
得斯戏段有关，比如《希珀吕托斯》，行 79 – 80、行 373 及下、行
916 – 922。

[28] 智术师关于德性教诲的一个截然不同的特征，是坚持对
每个语词（尤其是专业术语）的含义——精准定义。普罗狄科这位
教师尤其热衷语词分析。柏拉图对话的若干片段还提及这点，有时
略带讽刺，仿佛这是普罗狄科的执念（譬如，分别参见《普罗塔戈
拉》337a 和《拉克斯》197b = D – K 84 A13 及 84 A17）。的确，对
精确定义的热衷与其说属于关于德性的伦理教诲，不如说属于修辞
术训练。不过，精准定义也与德性的伦理教诲有关，因为其中涉及
对伦理术语的精准界定，以及对各种德性的准确定义。我们可以再
次从《拉克斯》(197b – d = D – K 84 A17) 中找到例证。在那里，
柏拉图让拉克斯区分"无畏"(to aphobon) 与"勇敢"(andreia)，
以及"勇敢"与"大胆"(thrasutês)，还让他宣称，这种学说间接
来自普罗狄科：

> [尼基阿斯] 我倒认为，无畏 (to aphobon) 和勇敢 (to
> andreion) 不是一码事。在我看来，只有少数人才具备勇敢和先
> 见之明，许许多多男人、女人、孩子和野兽只是 [b5] 鲁莽、
> 大胆、无畏且无先见之明…… [197b] …… [苏格拉底] 还是
> 别说啦，拉克斯。因为依我看，你还没发觉他这种智慧来自我
> 们的同伴达蒙；达蒙跟普罗狄科打得火热，在智术师中，普罗
> 狄科被认为 [d5] 语词 (onomata) 分析搞得最漂亮 (kallista,

嘲讽意义上的?)。①

对精准定义的热衷，也会在欧里庇得斯笔下得到呼应。有意思的是，我们注意到，有一种［29］传统认为，这位剧作家聆听过普罗狄科的讲学（见普罗狄科［D－K 84 A8］）。

当然，智术师中并非只有普罗狄科热衷于精准定义语词。其他智术师的若干残篇和古代作家对其教诲的提及也表明了这种热衷。其中，kairos［关键时刻］、aidôs［羞耻］和 sôphrosunê［节制］这些语词尤与我们的研究相关。

"适时"（the timely）、"合宜"（the appropriate）意义上的 ho kairos［时机］，长期以来就是古希腊思想的重要观念。克利提阿斯引述了（D－K 8B7）人称"七贤"（Seven Wise Men）之一的喀伦（Chilon）的说法：

> 凡事不可过度：一切好的事物都仅在于恰当的时刻。（D－K 10e1）（mêden agan：kairôi panta prosesti kala）

还有一个归在另一位"七贤"皮塔科斯（Pittacus）名下的说法："识时务"（gnôthi kairon）。德谟克利特（Democritus）虽非智术师，却是智术师的同时代人。他的若干说法也强调了"时机"，譬如在 D－K 68 B94，"适时的小恩小惠成就大恩惠"（mikrai charites en kairôi megstai），他还在 B87 谈及抓住"时机"（kairou labein）的必要性，以及在 B226，tou kairou diagnôsis 意指"识时务"或"好时机"。

几段残篇和零星提及表明，智术师也可能在伦理学语境中关注

---

① ［译注］《拉克斯》译文为译者据古希腊原文译出，收于《柏拉图全集》，北京：华夏出版社，即出。

时机（*ho kairos*）。因此，第奥根尼·拉尔修提到普罗塔戈拉时宣称，

> 他最先确立了"时机"（kairos）的重要性或力量（dunamis）。

从另一方面，哈利卡纳索斯的狄奥尼修斯（Dionysius of Halicarnassus）也提到我们讨论的"时机"一词：

> 迄今为止，没有哪个演说家或作家定义过"时机"（kairos）的技艺（techns），连勒翁提尼的高尔吉亚（Gorgias of Leontini）也没有，他试图论述过这种技艺，却无功而返。

不太清楚的是，在上文引自克利提阿斯的残篇（D－K 88B7）里，关于"时机"的那段话究竟由喀伦引述还是［30］出自克利提阿斯的评述。无论哪种情况，都表明了克利提阿斯对这个观念的热衷和重视。最后（我们会看到，于我们的目的而言也可能最重要），在总结同样的一些事既可耻（aischra）又高贵［抑或显得高贵，kala］的"证据"时，《双重论证》（*Dissoi Logoi*）的作者表示：

> 凡在合适的时机做成的事，在错误的时机就显得可耻（panta kairôi men kala enti, en akairiai d'aischra, D－K 90.2.20）。

有意思的是，《双重论证》中的这段话紧跟在无名氏引述的下面这四行五音步诗之后（一位叫瓦卡纳尔［Valkanaer］的编撰者认为，这几句诗出自欧里庇得斯之手）：

> 因为你若用这种方式区分事物，你就能洞悉凡人的另一套

礼法：在任何情形下，没有什么事物看上去要么好（kalon），
要么坏（aischron），而只是［取决于］掌控并改变它们的"时
机"（ho kairos）是让坏的变好，还是让好的变坏。（D – K
90.2.19）

我们已经提到的另外两个伦理学（某种程度上相互关联）术
语，亦即 aidôs 和 sôphrosunê（两个语词最基本的含义是"羞耻感"
或"敬畏感"，以及"自制"或"节制"），在欧里庇得斯时代的哲
学讨论中也很重要。这些语词也出现在若干前苏格拉底残篇和他人
的提及中。德谟克利特（D – K 68 B179）似乎总体上把 aidôs 当成
一种 aretê［德性］。他似乎还认定，年轻人的传统教育（亦即算数、
音乐和体育训练）有助于产生这种德性。在柏拉图的《普罗塔戈
拉》中，柏拉图让普罗塔戈拉讲述他的文明起源的神话故事时提
到，宙斯送给赫尔墨斯两份礼物：aidôs［羞耻］和 dikê［正义］，
用这两种必要的"德性"[31] 保障人类在城邦中和谐相处（参见
柏拉图《普罗塔戈拉》320c 及下 = D – K 80C1）。当然，我们的确
没有直接证据证明，这其实就是普罗塔戈拉本人讲述的神话故事；
即便如此，倘若普罗塔戈拉未曾表现出对这种德性重要性的关切，
那么在这么要紧的语境里，柏拉图似乎不大可能会把 aidôs 这个术语
与这位智术师的教诲联系在一起。

关于 sôphrosunê［节制］，我们有若干理由关注安提丰的几段残篇。
不仅因为这些残篇切实表明，智术师们关注过这个语词及其可能蕴含
的不同含义，还因为两段残篇中用来探讨这重德性的那些语词，尤与
我们接下来要讨论的几段欧里庇得斯戏文密切相关。在安提丰 D – K 8
B58，sôphron 用于指"审慎"（prudence），"有先见之明"。他还就此
举了一个司空见惯的例子，（我们会看到）这个例子压根没有表明该
词的所有含义。但就在这段话（出自 Stobaeus. III. 20.66）结尾，

sôphron 的含义就扩展到涵括 "自制"，尤其是让他抵住逞欲望（或 "血气"：thumos）一时之快的自制。最后，我们从 B59 得知：

> 既不欲求，也不接触（hêpstato）可耻或邪恶之物的人并不节制（sôphrôn）。因为既然没有战胜任何事物，他就没有通过克服任何事物让自己行为端正（或 "井然有序"：kosmios）。

我们会发现，最后这段残篇受到我们即将探讨的其中一个欧里庇得斯戏段特别关注（《希珀吕托斯》，行 730 – 731）。

《希珀吕托斯》中的德性

[32] 在欧里庇得斯的剧作中，（有些读者可能会奇怪地发现）正是《希珀吕托斯》最频繁反思了我们刚才讨论过的哲学残篇提到的伦理学问题。说真的，［仅仅］概述这部悲剧的情节（剧中发生了什么）无益于揭示这点。当然，《希珀吕托斯》的主题是爱神阿弗洛狄特报复高洁的英雄希珀吕托斯——他拒阿弗洛狄特于千里之外。为了展开报复，这位女神让希珀吕托斯的继母斐德拉（违心地）爱上这位英雄。斐德拉的丈夫，国王忒修斯得知此事后（阿弗洛狄特做了这样的安排，虽然忒修斯了解到的情况并非完全如此），他欲用海神波塞冬对他下的（三个中的）一个诅咒毁灭希珀吕托斯。阿弗洛狄特策划的灾难发生了，但这场灾难如何发生（斐德拉由神引发的激情除外），完全取决于人类对处境的应对和误解（当然，阿弗洛狄特的复仇本身可以从人类或心理学的角度来理解，但这不是我们眼下关心的问题）。正是在这一人类活动，以及在相关人类角色的天性及其反思中，出现了（我认为）源于智术师及苏格拉底讨论的各种伦理主题。

希珀吕托斯的开场祈祷（随后，阿弗洛狄特就可怕地宣告了她的复仇计划）对象是阿尔忒弥斯（Artemis）女神：

> 我给你，女主人啊，带来了这顶花冠，
> 用处女（akeratos）地上的花枝编就。
> ——这里还不曾有牧人敢去放过羊群，
> [33] 还不曾有过铁器进入，这纯洁的（akeratos 再次出现）
> 草地上春天里只有蜜蜂飞来飞去；
> 贞洁女神（Aidôs）用洁净的河水浇灌着草地。
> 只有那些并非教而知之而是天生知道
> 事事节制（to sôphronein）的人才能去这里采摘花草，
> 不知节制的人不许去采摘。（《希珀吕托斯》，行73－81）

我们已经注意到，aidôs 和 sôphrosunê 这两个语词（或它们的同源词）反复出现在智术师关于德性的讨论中。在这里（以及行667、行994、行100、行1034－1035、行1365），希珀吕托斯用 sôphrosunê［节制］及其同源词颂扬自己的高洁天性，并用 aidôs［敬畏］向贞洁女神（goddess of chastity）阿尔忒弥斯致敬。我们会看到，这两个词还将在全剧截然不同的语境中反复出现。同样，semnos 一词在伦理学语境中也会出现类似的变体（"神圣的"，"高傲的"，甚至"自负的"），其中的一个变体（行1364）与 sôphrôn 有关。希珀吕托斯刚说完开场白，他的仆从就怯怯地用了表示"鄙弃"或"傲慢"的表述 to semnon，表明希珀吕托斯对阿弗洛狄特的危险态度（行93）。意味深长的是，稍后，希珀吕托斯的仆从用同样的语词（semnê，行99），向"威严的""神圣的"阿弗洛狄特致敬：剧本很早就微妙地表明，该词只能用于向诸神致敬，而不能向凡人致敬（希珀吕托斯后来就用该词向自己致敬，行1364）。同样，忒修斯稍后（行1064）还将用 semnos 嘲笑希珀吕托斯自称拥有超越凡人的德性。semnos 和 sôphrôn 的这种近乎互生龃龉的含混用法，提醒我们注意普罗狄科和其他智术师精确界定专业术语的重要性，特别是在讨论德性时。随着剧情推进，我们还会发现，对 aidôs 一词的处理愈发含混。[34] 这就近乎欧里庇得斯（出于他本人的戏剧性理由）在提请人们留意这个智术师热衷的问题。

剧中的斐德拉因爱上继子酿下灾难，她应该是情非得已的无辜受害者（有别于欧里庇得斯在这则神话的前期版本中呈现的斐德拉），这是此剧的核心特征。当然，斐德拉揭示了她受压抑的隐秘激情，这对悲剧性结局也至关重要。斐德拉向乳母袒露了心声（而非由阿弗洛狄特向忒修斯揭露：这位女神似乎已在开场暗示［行42］她将这么做）。此外，尽管这部悲剧的情节显然由神推动，但在某种意义上，揭示斐德拉的激情与我们眼下关注的道德问题和伦理问题直接相关。

斐德拉登台亮相时我们就看到，她因受压抑的爱发狂，但她断然拒绝向满怀同情的歌队和乳母袒露其罪恶的秘密。直到乳母采用正式乞援的方式，斐德拉才（不情愿地？在这点上颇为含混）屈从：

> 我答应你的请求，因为敬畏你祈求的手（sebas gar cheiros aidoumai to son）。（《希珀吕托斯》，行335）

这段坦言与斐德拉更好的判断力针锋相对，当然也将带来灾难性的后果。值得注意的是，正是斐德拉貌似"好"品质的 aidôs（此处意为对宗教习俗的"敬畏"或"崇敬"），最终导致她毁灭。

乳母带着惊恐（但转瞬即逝）的道德义愤离开舞台后，斐德拉转向歌队叙说她的处境，以及她如何设法［35］应对这种处境。但一上来，斐德拉就遁入了对人类错误行为原因的哲学追问。这段戏文（无论如何都不可能出现在戏剧里）① 与我们的主题有着十分重要的内在关联：

> 特罗曾的女人，你们这些住在
> 佩洛普斯国土大门前的人啊，
> 我从前夜不能寐的时候在漫漫长夜里
> 曾想过凡人的一生是怎么被毁的。
> 我看，人们的作恶（prassein kakion）并不是由于
> 天生的思想坏（ou kata gnômês phusin），因为，有头脑的人
> 是多数，因此，这事儿必须这么看：
> 我们理解并知道何为好事（ta chrêsta），
> 可是不愿费力去干，其中有的人是因为懒惰，
> 有的人是因为选择了快乐，不做好事（anti tou kalou），
> 宁可做别的。人生的快乐又有多种，
> 无休止的闲扯和游手好闲，是愉快的坏事，
> 还有羞耻。② 羞耻又分两种，一种不坏，
> 一种却是家族的祸害。如果界限清楚，
> 那么这两者本就不该用同一个字。（《希珀吕托斯》，行
> 373 – 387）

欧里庇得斯的读者会发现，这段戏文有几处难以索解、含混不

---

① 在这里，我们不必关心这位王后的言说状态突然从先前的近乎歇斯底里转向对眼下这段话充满智性的论证。人物从一个形象突然转换为另一个形象，是欧里庇得斯戏剧的常见特征；参见我对这些戏段的讨论，"Rhetoric and Relevance in Euripidean Drama," *AJR*（1981），pp. 3 –25.

② 我认同 Barrett（W. S. Barrett, *Euripides*, *Hippolytus*［Oxford, 1964］，见他的笺释）的看法，他认为 aidôs 并非其中一种"快乐"。但我们会看到，他在解读 aidôs 时却并没有这么做。

清。对此，学者们已有细致考察。大多数解释性细节都超出了本研究的范围。对我们的目标而言，仅仅注意到这段话里的某些主题和语词浮出水面就已足够，在我们已经总结的智术师和苏格拉底的讨论中，这些主题和语词多少有些惹眼。

首先毫无疑问，斐德拉关于判断或理解力（gnômê）［36］与好行为关系（或无关）的讨论，让我们想起苏格拉底与之截然不同的学说：他把德性等同于知识，尤其让我们想起苏格拉底与普罗塔戈拉论辩德性可教时（《普罗塔戈拉》352b 及下）对这个问题的讨论。以下两点似乎更清楚地表明，眼前这段话反映了这种讨论（当然不一定是某场特定的论辩，比如柏拉图在《普罗塔戈拉》中重现的那场!）：首先是斐德拉用论证的方式表达其观点的事实（比如，我的情况似乎是 A，而非 B）；另一个事实是，斐德拉关于"虽有理解力却犯错"（"wrong doing despite understanding"）的其中至少一种解释（亦即由于快乐的干扰），恰好吻合据称是"苏格拉底"对这种解释的驳斥。当然，我们也不必认为，这段话反驳了苏格拉底的观点，甚或认为，这段话传达了诗人就这些问题的争论的看法。① 关于这一点我只想说，欧里庇得斯是在利用一个广受同时代人关注的伦理主题，以达

————————

① 古典学者们在这些问题上进行了旷日持久的论争。在 *Scenes from Greek Tragedy* 中（Berkeley and Los Angeles，1964），pp. 48 - 69，Bruno Snell 断然否定了这段戏文意在"反苏格拉底"。在《希珀吕托斯》行 377 - 381 笺释最后，Barrett 强烈驳斥了 Snell 先前的观点，见 *Philologus* 97（1948），pp. 125 ff。E. R. Dodds, *The Greeks and the Irrational*（Berkerley and Los Angeles，1959）认同了 Snell 更温和的那个观点，但 David Claus（"Phaedra and the Socratic Para-dox," *Yale Classical Studies* 22［1972］，pp. 223 - 238）驳斥了 Snell 的观点，依据是在行 426 - 427，斐德拉其实辩白了她本人在认知（gnômê）上所做的努力。关于对这个问题的新近讨论，see Ann Michelini, *Euripides and the Trag-ic Tradition*（Madison，Wisconsin 1987），p. 304, cf. p. 297。Michelini 认为，这段戏文"体现了苏格拉底的影响，［而非］针对这位哲人的'论战'"。

到他自己的戏剧性目的。我们还会看到，这并不是什么浮夸利用，旨在寻求观众关注。相反，斐德拉思考的内容将影响整部悲剧的主旨。

除了对人为何明知却不能行善的这种传统解释（即"快乐的干扰"），斐德拉还补充了非同寻常的一点："羞耻（aidôs）"。现在出现了褒义上（也最常见）的 aidôs——意为"敬畏""尊崇""虔敬"（在开场向阿尔忒弥斯祈祷时，希珀吕托斯已经在这个意义上使用了该词）"羞耻感"，通常认为，这个意义上的 aidôs 能阻止人的暴力行为或可耻行为（在柏拉图对话中，普罗塔戈拉也是在这重意义上使用该词，将之视为防止人类自相残杀的一种文明德性）。那么，斐德拉所说的"家族祸根"这另一种 aidôs 又是何物呢？[37] 我们可能不由得认为，这种aidôs 就是"谣言"或者"带来羞耻的东西"（aidôs 的次要含义），但这重意义上的 aidôs，可能不在斐德拉将之（及其他干扰）涵括进妨碍恰当行为的事物之列。因为这样一来，被笼统视为满足这两种需求的 aidôs就会显得毫无意义。我们可能会认为，斐德拉现在从一般性伦理思考（她以此作为自己发言的起点），转而思考她自身处境的具体情况。这样一来，我们会发现，aidôs 一定意义上契合斐德拉讨论的那两个方面。在上一场戏中，斐德拉曾两度（行 219 和行 229）告诫乳母，她的劝说会毁了女主人。眼下，我们从行 335 可知（因为敬畏［aidoumai］你祈求的手），斐德拉最终屈从于乳母的正式祈求，袒露了自己的秘密。因此，斐德拉使用 aidoumai［敬畏］（aidôs 的动词形式）就表明，在何为正确的问题上，她让传统的虔敬感或敬畏感战胜了自己的判断。斐德拉预见到，这也确乎会例证，aidôs 是"家族祸根"。① 我们现在也看到，

① See E. R. Dodds, "The AIDÖS of Phaedra and the Meaning of the *Hippolytus*," *CR* 39 (1925), 102 – 104. Dodds 对"坏 aidôs"的解释对我很有帮助；不过，我不同意 Dodds 随后试图表明的观点：我们也可以认为，斐德拉的这种 aidôs 行为，就是妨碍人做他所知的好事的其中一种快乐。

斐德拉在行386－387提及 ho kairos［时机］（另一个关键的伦理学语词），何以与眼下的情境尤为相关：在这种充满传统惯例的情形下，区分aidôs的好坏，取决于正当性（the rightness），随境而异（Cf.，again，Dodds，ibid，p. 103）。

我的探讨一直停留在《希珀吕托斯》行385－387。目前为止，所说无非欧里庇得斯研究中的老生常谈。我的主要目的是阐明这段话中隐含的智术师式的含混。因此，我们现在已经注意到，斐德拉最初思索自身处境中的若干问题，在同时代的哲学思考中同样清晰可辨。我们起先看到，斐德拉否定或者［38］至少检审了德性与知识或理解力的关系，这对德性是否可教的问题至关重要。我们也注意到，这位王后（智术师们也表现出）关切伦理术语的含义和运用，强调两个伦理学概念（aidôs 和 ho kairos），对此，智术师们也兴趣盎然。我们会看到，各种伦理学术语和概念在不同语境中的使用方式（无论在眼下这个戏段还是在希珀吕托斯的开场戏中），都将在这部悲剧结束前编织成一张意义之网。

在这段面向歌队的长篇发言（行373－430）的余下部分中，斐德拉解释了她压抑不伦激情，不将它公之于众的动机：好名声（eukleia）和家族的名望。但就算斐德拉下定决心，她对乳母祈求之手传统（时机不佳）、虔敬的敬重，也打开了她本想带进坟墓的那桩秘密的缺口。因此，尽管斐德拉敏锐地认识到有必要追求［她理解的那种］德性，最终却功亏一篑，没能获得这种德性。

希珀吕托斯又如何呢——他更简单地认为，德性源于天性，而非由教育获得（行79－81）？反过来，此剧把希珀吕托斯弥足珍贵的德性呈现为自欺欺人。当乳母违背女主人意愿，把斐德拉对他的暗恋（secret passion）告诉希珀吕托斯时，他发表了攻击全体女性的著名长篇檄文，末了疾呼，

> 要么让人来证明她们的贞洁（sôphronein），
>
> 要么还是让我永远谴责她们！（行 667 – 668）

当然，希珀吕托斯此处及整段檄文所言，与这位主人公大肆吹嘘的 sôphrosunê ［贞洁］德性的更宽泛含义（"节制""自制"）针锋相对（Dodds 表明了这点）。也正是王后无意间听到的这段话，[39] 促使斐德拉在留给丈夫忒修斯的自杀遗书中构陷希珀吕托斯勾引了她。斐德拉恰如其分地最后用寥寥数语向观众清楚表明了希珀吕托斯自取其祸的全部意义：

> 但我的死会成为另一个人的祸害，
>
> 让他知道，别因为我的不幸而高兴；
>
> 在他感受到了和我同样的病痛时，
>
> 他会懂得什么是健全的智慧。（《希珀吕托斯》，行 728 – 731）

忒修斯的话是一个类似的例子，否定了希珀吕托斯拥有 sôphrosunê ［节制］（虽然在这个例子中是反讽）。由于相信了斐德拉构陷的书信，忒修斯斥责儿子自称受继母勾引：

> 你是一个纯洁的（sôphrôn）没有（akeratos）罪恶之人吗？
>
> 我不会相信你的这些夸口，
>
> 自己想错了，却把无知推给诸神。
>
> 现在你尽管去吹嘘吧。（《希珀吕托斯》，行 949 – 953，节选）

显而易见，忒修斯的谴责严格来说有失公正，因为在这里所说的意义上（"贞洁"），希珀吕托斯的确 sôphrôn。但我们觉得，忒修斯也在广义上质疑了希珀吕托斯的 sôphrosunê［节制］宣称；因为稍后，在随之而来的争吵中，忒修斯宣称，"呸！你这副虔敬的（to semnon）神情真叫我恶心！"（行 1064）

　　和诸多（虽非全部）悲剧主人公（索福克勒斯《安提戈涅》中的克瑞翁是明显的例外）一样，希珀吕托斯没能吸取自己的教训。甚至在最后一场戏中，当他奄奄一息地被拖下舞台时，希珀吕托斯还在宣扬自己的德性：

> ［40］……宙斯啊宙斯！你瞧见这些了吗？
>
> 我这严肃（semnos）而敬神之人，
>
> 纯洁（sôphrosunê）超过任何男人，
>
> 却这么丢了性命，落入冥王的地下深渊。（《希珀吕托斯》，
>
> 行 1363 – 1366）

　　因此，希珀吕托斯和斐德拉一样，都未能成功过上各自渴望的有德性的生活（或者就斐德拉而言，可能是有德性的死）。① 剧作否定了洁身自好的希珀吕托斯（尤其是斐德拉在行 728 – 731）拥有真正的 sôphrosunê［节制］德性，这让我们想起了安提丰就此所作的解释（D – K 87 B59）：一个从未想过或接触过可耻、罪恶之事的人，并不 sôphrôn［节制］。②

　　或许，我们的充分讨论已表明，欧里庇得斯一以贯之质疑了（作为贯穿其悲剧主题下的一个母题）智术师关于德性可教的宣称，他甚至（虽然更审慎）质疑了苏格拉底关于德性是智慧的一部分的

---

　　① ［译按］此处疑为作者笔误。从上下文来看，无论希珀吕托斯还是斐德拉显然都没有过上有德性的生活。

　　② 见上文，导论，那里全文引述了安提丰的残篇。

宣称。在一小段奇怪的戏文里（在我已引述的那场戏的开始，忒修斯与希珀吕托斯的一段对话），这个次要母题的确一度显得像是暴风雨前的安宁。此时此刻，忒修斯气急败坏，甚至没法直接向儿子发火，他用典型的欧里庇得斯的方式，"哲学阐发"（philosophizes）了他的义愤：

> 啊，你们这些常犯无谓错误的人啊，
> 你们教人无数技艺（technai），
> 为一切事物计划和发明办法，
> 为什么却不知道，也不去尽力做到一件事：
> 怎么把没有心智（nous）的人教得有头脑（phronein）？

（《希珀吕托斯》，行 916 – 920）

希珀吕托斯（未意识到父亲这次爆发的目的）回答道：

> [41] 你指的是聪明的智术师（deinon sophistên），这种人才能
> 让没有思想的人变得善于思考。（《希珀吕托斯》，行 921 – 922）

毋庸置疑，由于希珀吕托斯想到的是芸芸众生（lesser mortals）而非他自己，他的话充满了反讽（Barrett 注意到这点），① 但不用说，剧作家的反讽不仅指向希珀吕托斯，也指向了他的悲剧涵盖的整个情境（无论我们认为这种情境由人类还是神导致）。

---

① 参见 Barrett 对《希珀吕托斯》行 921 的笺释。

第二章　德性的相对性

智术师的观点

[42] 关于"善"以及各种传统"德性"的相对性的观念，可能是智术师最激进的伦理教诲之一，虽然相关文献记载实在太有限（这是研究智术师时的老大难问题）。尽管普罗塔戈拉的名言"人是万物的尺度……"，主要是指（客观或主观）实在的性质，但很可能也富有伦理意味，因为它宣扬个体感知至高无上。① 在一个不同的语境里（《普罗塔戈拉》333d = D－K 80 A22），柏拉图让普罗塔戈拉依据"有用"（the useful）定义"善"，随后还让他表明，对人类无用或不好的东西，可能对马有用或好。在这段话里，柏拉图是在展示真实的普罗塔戈拉学说，而这种学说也适用于伦理教育，如下事实可以表明这点：同样的观点也出现在《双重论证》（*Dissoi Logoi*）（D－K 90）1 和 2，此书的佚名作者被认为受到普罗塔戈拉影响。② 在这篇短文

---

① Kerfred, *The Sophistic Movement*, ch. 9：他对智术师相对主义的讨论，表明了这个主题与伦理学、形而上学，甚至修辞学领域的相关性。

② See D－K II，p. 405，note to 90. 1. 关于《双重论证》的翻译，see T. M. Robinson，*Contrasting Arguments：An Edition of the Dissoi Logoi*（New York，1979）。

里，作者从道德中立的例子——同样的事物可能既好又坏（比如疾病对病人坏，对医生好），推衍到那些依相关人员的处境、场合甚至国别，有时被视为"好的"或"高贵的"（kalon）的行为，有时又被视为"可耻的"（aischron）行为［43］（的确，"可耻"的例子易与不得体的行为混为一谈，比如女人在体育场［gymnasia］洗浴，也容易跟有违道德的行为混为一谈，譬如通奸和乱伦）。有趣的是，这位佚名作家为此援引了一段（同样佚名的）四句抑扬格三音步诗，至少有一位编者（瓦尔克纳耶［Valkenaer］）认为，这段诗文出自欧里庇得斯之手，诗中表达了类似的看法：

> 因为，倘若你用这种方式考察事物，你就会发现，这另一种凡人的"礼法"（nomos）大意如下：万物不分贵贱（kalon. . . aischron），恰切的时机（ho kairos）掌管着万物，让低贱之物变得高贵，高贵之物变得低贱。（D‒K 90. 2. 19 = TGF 844, *adesp.* 26）

相比之下，安提丰更激进地抨击了传统习俗，虽然不符合关于行为的相对好坏取决于环境的那些观点（因此可能涉及一般德性的相对性）。他（大量莎草纸残篇表明了这点，D‒K 87 B44）举出若干例子"表明，诸多依据礼法的正义之物，不合自然"。[①] 安提丰进而主张，合符自然的事物比依从礼法的事物更有益，也更可取。在同一冗长残篇的另一段话中，他举了一个例子表明，正义的诸原则互生龃龉："控告邻人"和"人不犯我，我不犯人"。安提丰表示，

---

① See D‒K 87 B44. 关于此处及下文中 Antiphon（87）B44 A and B 的译文。See J. S. Mosrrison in Rosamund Sprague, *The Older Sophists*（Columbia, S. C., 1972），pp. 219 ff.

"要么其中之一正义","要么都不正义"(B44,B)。他断定:

> 显而易见,[44]礼法、正义和仲裁的施行……均与正义
> 背道而驰。

最后,对于智术师关于 to agathon[善]和 to kalon[高贵]相对性的其他例子,及其关于显然矛盾的伦理处境的其他例子,我们不妨再次援引克利提阿斯(D – K 88 B7)的那段残篇——我们在列举 *ho kairos* 的例子时已经引用了这句话:

> 一切高贵(panta...kala)之物,均取决于恰当的时机
> (kairôi)。

在前文已经引述或提到的那些片段里,我们可能会认为有一些表明同样的一些事可能既好又坏,既高贵又可耻的例证平淡无奇,甚至是老生常谈。但这些片段的核心要点大致相若,一方面,智术师们似乎质疑了特定传统德性或德性活动的绝对价值,另一方面似乎又引入了一个重要的哲学/伦理观点:某些情形下被视为传统上有德性的事物,在别的情形中可能被证明正相反。

《阿尔刻斯提斯》与《海伦》中的"回报 – 主题"

欧里庇得斯剧作中的各种问题和讨论,似乎都涉及智术师所持的这种伦理价值相对性的观点。《希珀吕托斯》中对 aidôs[羞耻]和 sôphrosunê[贞洁、节制]的探讨无疑与之相关:譬如,希珀吕托斯所谓的 sôphrôn[贞洁],对斐德拉来说似乎并非如此(分别见《希珀吕托斯》,行 567 – 568 和行 713)。这些及类似的戏段还牵扯到有些智术师关心的另一个问题:搞清各种品质,包括"诸德性"

的定义或确切含义。我在前文已就此讨论过这些品质和德性（见前文，导论）。不过，欧里庇得斯原创性地处理德性相对性的 [45] 最好或者至少最有成效的例子，恐怕是他在剧中对回报（charis，或"以恩报恩" [favour for favour]）主题的处理。

在我们眼下要就此探讨的两部剧中，欧里庇得斯对回报的处理，在相关的不同语境中用不同方式表明了智术师式的伦理相对主义。在《阿尔刻斯提斯》中，欧里庇得斯对回报的反讽也可能作了悲剧性处理，这也是此剧伦理意义的重要组成部分。在《海伦》中，通过让海伦和墨涅拉俄斯（Menelaus）欺骗忒俄克吕墨诺斯（Theocly-menus），欧里庇得斯以悲喜剧的才智处理了回报。稍后（下一章），在探讨《赫卡柏》所呈现的修辞的不同面相时，我们还会看到，剧作家在另一例子中再次以"相对主义"的方式别出心裁地处理了回报。在那里，这重德性似乎取决于言说者的私心。

学界长期以来认为，作为一部"准－萨图尔剧"（pro - satyric）（《阿尔刻斯提斯》的第二段剧情梗概和此剧的主题似乎表明了这点），《阿尔刻斯提斯》的地位介乎悲剧和喜剧之间（不过，"悲－喜剧"的说法几乎没有传达出全剧一以贯之的反讽语气，有评论家将之称为"不动声色的嘲讽" [dry mock]）。因此，《阿尔刻斯提斯》尤其契合智术师对某些希腊传统伦理价值的处理（前文已述及）。此处涉及的伦理价值是 charis（"回报"）和 xenia（"好客"），在这两种价值中，双方当事人行为的互惠性质总是（或者几乎总是）按而未表或心照不宣。接下来的扼要总结将表明，对回报和好客的不同运用，何以对此剧的主题举足轻重。《阿尔刻斯提斯》开场就引入了这两个主题，我们从那儿得知，阿波罗被迫为奴期间曾受国王阿得墨托斯（Ademetus）盛情款待。心怀感激的阿波罗说服命运女神（Fates）答应，让人替阿得墨托斯赴（命中注定的）死。在这里，

我们还得知，只有阿尔刻斯提斯愿意做出牺牲。作为回报，［46］
阿尔刻斯提斯在第一场戏中不无道理地要求，

> 我要求的并不是一个相称的回报（charis），
>
> 因为任何事物都没有生命宝贵，
>
> 我的要求是很公平的……（行 300 - 302）①

这个要求就是，阿得墨托斯此生不可再另娶新妇来当孩子们的
后娘。强忍内疚悲伤的阿得墨托斯不仅答应了这点，还许诺要终生
服丧，弃绝先前充斥着宫殿的"聚饮、花冠和音乐"（行 343 -
344）。

赫拉克勒斯这位传统上欢快喧闹的客人出场（就在阿尔刻斯
提斯无力回天地死后不久）。他的出现暗示了阿得墨托斯（回报
阿尔刻斯提斯的一部分）许诺放弃的欢宴。这位国王全然不顾歌
队的抗议，封锁阿尔刻斯提斯离世的消息，欢迎赫拉克勒斯来做
客。由此，为了履行对赫拉克勒斯的好客，阿得墨托斯牺牲了阿
尔刻斯提斯的恩情。阿得墨托斯向震惊不已的歌队解释称：

> 除了我已经遭遇的不幸外，
>
> 我还会惹上另一桩不幸：
>
> 人们会称呼这座殿宇为慢客的宫廷，
>
> 况且我每次踏上阿尔戈斯
>
> 干燥的尘土时，
>
> 我都发现他是最好的东道主。（《阿尔刻斯提斯》，行 555 -

560）

---

① ［译注］《阿尔刻斯提斯》中译本参见罗念生译，收于《罗念生全
集》（第三卷），上海：上海人民出版社，2004。

在这个构思精妙的情节正中心，回报的主题再度出现。这个主题出现的场景与第一场戏和最后一场戏构成鲜明对比。阿得墨托斯领着给阿尔刻斯提斯送葬的队伍回来后，他的父亲菲勒斯（Pheres）带着吊唁阿尔刻斯提斯的礼品出场——他感激阿尔刻斯提斯没让他暮年丧子（行618－622）。阿得墨托斯满腔怨愤地拒绝了祭品，因为事实上，双亲都拒绝替他赴死，虽然他对二老毕恭毕敬、恪尽孝道：

> ……哪知你［47］和我的生身之母却
>
> 这样回报我这一片好心！（charin/toiande...ellaxatên，行660－661：在这场戏中，charis 一词实际上只在这里出现）

这个拒斥的场景铺垫了一个充满嘲讽的转折：阿得墨托斯含混履行对阿尔刻斯提斯的回报，转向回报－主题的圆满完成——此剧的最后几场戏就旨在表现这点。

当赫拉克勒斯得知，阿得墨托斯的好客背负着丧妻之痛后，他战胜死神，让阿尔刻斯提斯重返阿得墨托斯的宫殿来回报他。但还有一点说不通：赫拉克勒斯谎称，蒙着面一言不发的阿尔刻斯提斯是一名女俘，而今他说服阿得墨托斯代为看管。一向热心的阿得墨托斯勉强答应把这名女子领进家（行1097及下：他们将来设定的关系暧昧不清），因此，他对阿尔刻斯提斯许下的第一个诺言，也不过是折了个衷。但当阿得墨托斯得知，他心爱的妻了已经起死回生回到他身边时，他的热心得到了千倍回报（回报换回报）。

此处要害是（很多评论者认为的）"热心得好报"呢，还是被辜负的恩情？抑或以报答一人为代价，换取另一人的回报？或者，涵括所有这一切的回报主题，表现了欧里庇得斯最高明的反讽手法？无论怎么回答这些问题，我们肯定都会认同，《阿尔刻斯提斯》是一部有关智术师主题的杰作（tour de force）：这反讽地证明，连最广为认同的传统德性，比如回报与好客，都与情境有关。

《海伦》对报答的处理，不仅与《阿尔刻斯提斯》中的反讽处理形成鲜明对比，也与《赫卡柏》中的修辞性处理对比鲜明。在关于海伦神话的这个荒诞不经的版本中（借用了斯特西科罗斯［Stesichorus］的版本），① 帕里斯带至特洛亚的不是海伦，[48] 而是她的魂影。与此同时，海伦本人遭邪恶的埃及王忒奥科律墨诺斯（King Theoclymenus）劫持，墨涅拉俄斯在埃及海岸（和海伦的魂影一起！）遭遇船难后，最终将她从埃及解救出来。

在《海伦》前半部分，当海伦的魂影在空中消散不见后，墨涅拉俄斯与失散多年的妻子几经周折终得"相认"。此剧下半部分描述的是海伦与墨涅拉俄斯逃出埃及。就在海伦劝说女祭司忒奥诺俄（Theonoe）不要为了获取"可耻的回报"（charitas ponêras. . . onoumenê，行902，卑鄙地赢得的感激）助纣为虐，向王兄揭发墨涅拉俄斯在此地时，报答 - 主题首次出现。

接着，海伦与国王忒奥科律墨诺斯之间的"欺骗场景"，就以闹剧的方式处理了"可耻的回报"。海伦通过谎称墨涅拉俄斯溺水身亡，还假意答应嫁给这位埃及王，由此开启了一项与（扮成遭遇船难的希腊无名水手）墨涅拉俄斯一道出逃的大胆计划。"你想要什么回报呢?"（不敢相信此等好事的）忒奥科律墨诺斯问道，"因

---

① 在随后的第四章中，我将在另一个语境中更细致考察这个说法。［译按］斯特西科罗斯（公元前640年—公元前555年），希腊古风时期抒情诗人之一，擅写合唱歌，住在西西里岛的希墨拉城邦，为城邦作颂歌。据说，合唱歌的结构（首节、次节、末节）就由他首创。斯特西克若斯一生创作的颂歌、合唱歌和抒情诗多达26卷，但仅有若干残诗传世。由他创作的抒情诗《春天的歌》残诗，收于外国文学名著丛书编辑委员会编，《古希腊抒情诗选》，水建馥译，北京：人民文学出版社，1988，页155。

为应该以恩报恩呀"（charis gar anti charitos elthetô，行 1234）。现在，海伦和墨涅拉俄斯充分（不义地，因为海伦不能履行她所承诺的回报）利用忒奥科律墨诺斯的感激之情，设计这位轻信的国王助他们逃脱。在好几处，当海伦和墨涅拉俄斯得偿所愿时，互惠主题都以近乎荒唐的形式一再出现（行 1254、行 1411、行 1420）。的确，诗人沉迷于玩弄回报不能自拔，他还在别的语境中穿插了这个主题：忒奥科律墨诺斯为了报答乔装的墨涅拉俄斯为海伦"出力"（drasanta... pros charin，行 1281），要为 ［49］她的丈夫举行（所谓的）葬礼，这位国王甚至还对"已逝的"墨涅拉俄斯的"魅力"（情欲意义上的回报）心怀恐惧（行 1397）。不过，海伦用她对忒奥科律墨诺斯的最后一次假意承诺，为（在逃跑计划中起作用的）回报主题画上了句号：

> 就在今天，你会看到我对你的回报（charis）！（《海伦》，行 1420）①

---

① ［译注］《海伦》中译本参见张竹明译，收于《古希腊悲剧喜剧全集》，张竹明、王焕生译，第 3 卷，南京：译林出版社，2007。

第三章　修辞术的力量与滥用

智术师的观点

[50] 现在，我们转向考察欧里庇得斯运用智术师教诲的一个稍有不同的方面。智术师的修辞术对欧里庇得斯的影响，几乎是对其剧作进行文献综述时的老生常谈。这种影响清楚地体现在演说的结构和修辞手法（rhêseis）中，不过，这种影响也延伸至欧里庇得斯的整体戏剧风格。尤其是那些明显的"对驳性"（agonistic）剧作。在这些剧作中，主要角色沉迷于正式论辩的规定话语，包括譬如政治思想（如《乞援女》，行 409 – 462）、王朝较量（如《赫拉克勒斯的儿女》，行 134 及下）或者个人恩怨（如《美狄亚》，行 446 及下）。

本书不探讨智术师在修辞方面对欧里庇得斯的手法影响和风格影响。但我们要记住，智术师思想对欧里庇得斯戏剧创作的影响构成了一个更大的整体，这个整体包括风格、语言和修辞手法。此外，由于智术师对"好的生活"的训练（这种训练本身关乎政治成功）而言，修辞术举足轻重，因此，要说他们对修辞术和（政治和伦理）"价值"的看法毫无共识才会令人吃惊。

智术师对修辞术的一个重要看法是，[51] 关于任何事物都能得出相互对立的观点（见 DK 80 B6a），即便如此（见亚里士多德对普罗塔戈拉的引述），他们也能"使更弱的观点变得更强"（DK 80 B6b）。对这种智术师观点栩栩如生的呈现，可以参见高尔吉亚 82B11，《海伦颂》（下文将述及），以及无疑阿里斯托芬《云》中正理（Dikaios Logos）与歪理（Adikos Logos）的著名对驳（agôn）对这种观点的戏仿。意味深长的是，欧里庇得斯《安提娥佩》（Antiope）中的一个人物似乎表达了类似的观点：

> 谁要想善于言说，就该为每个论点设立一场包含两种观点的对驳（agôna）。（TGF 189）

亚里士多德如是评价普罗塔戈拉的观点：

> 人们无疑受［这种主张］冒犯，因为这种看法是谬误，并非一种真实的（而只是看似如此）的可能，没有出现在任何技艺（technê）里，除了修辞术和辩论术。（D-K 80 A21）

同样，在《高尔吉亚》中，柏拉图笔下的苏格拉底据此批评了修辞术：修辞术涉及在正义和不正义之事上说服人而非教导人（D-K 82 A28 = 柏拉图，《高尔吉亚》455a）。在另一个片段中，柏拉图还援引了高尔吉亚本人的话，高尔吉亚承认在修辞术影响下，"一切事物都自愿……沦为奴隶"（柏拉图，《斐勒布》[Philebus] 58a：D-K 82 A26）。

《特洛亚妇女》

学界常宣称，欧里庇得斯笔下的对驳——那些关于两种对立观点或发生在两位针锋相对的角色之间形式固定（通常颇为程式化）的重要论辩，是这位剧作家作品的一大特色。也正是欧里庇得斯剧作中的对驳（原因很明显），［52］往往最明显地反映了智术师的观点。① 在这些片段中，《特洛亚妇女》中的对驳（发生在海伦和赫卡柏之间的一场论辩，这场论辩至少在主题上与高尔吉亚的《海伦颂》一致）也不例外。不过，在评论就同一个问题（海伦无辜抑或有罪）所作的不同处理有何可能的关联性之前，我们不妨先看看此剧开篇不久的一段话。据信，这段话表明了智术师所宣称的能让更坏的观点显得更好。

《特洛亚妇女》开场的场景设定是特洛亚战败，城邦众英雄惨遭屠戮；眼下，特洛亚女子（此剧的歌队）和她们的王后赫卡柏正被当成战利品分配给获胜的阿开俄斯（Achaean）众将领。阿伽门农选中了发疯的卡桑德拉（Cassandra）——普里阿摩斯王（King Priam）和赫卡柏受阿波罗神启［有预言能力］的女儿。卡桑德拉亮相时吟唱了一首狂热而欢快的歌，她还跳着舞歌颂了将主持她"婚礼"的婚姻之神海门（Hymen）。随后出人意外地，卡桑德拉开始讳莫如深地解说，何以她接下来的婚姻，事实上还有整个特洛亚战争，给阿开俄斯人带来了痛苦，给特洛亚人带来了欢欣。② 卡桑

---

① 关于欧里庇得斯剧中对驳（agônes）的详情，以及修辞术和其他因素对这些对驳的影响，see C. Collard, "Formal Debates in Euripidean Drama," *G&R* 22 (1975), pp. 58 – 71; Michael Lloyd, *The Agon in Euripides* (Oxford, 1992), 及其他研究，尤其是第一章及那里提到的文献；N. T. Croally, *Euripidean Polemic, The Trojan Women and the Function of Tragedy* (Cambridge, 1994), 尤其是第二章，亦参拙文，"Rhetoric and Relevance in Euripidean Drama," *AJR* 102 (1981), pp. 3 – 25。

② 关于一个角色的抒情性发言与戏剧性发言语气上不大可能出现这些突转的原因，参见拙文 "Questions of Probability and Relevance in Euripidean Drama," *Maia* 24 (1972), pp. 199 – 207。

德拉首先预言（行 353 及下），她与阿伽门农的婚姻最终会让阿伽门农丧生，还会毁了他的家族。接着（对眼下的情境而言更意味深长），卡桑德拉详述了特洛亚战争结果的（她认为的）真正真相：战败的特洛亚人的结果要好过得胜的阿开俄斯人。阿开俄斯人死后远葬他乡，特洛亚人却为保家卫国光荣战死。众英雄也一样：赫克托耳（Hector）死后成了"人中翘楚"（anêr aristos，行 395），帕里斯迎娶了宙斯的女儿，阿伽门农却因弟媳——令人痛恨的海伦献祭了自己的掌上明珠（在转述卡桑德拉的长篇预言时，[53] 行 353 – 405，我稍微调整了所述事件的顺序）。

克罗阿里（N. J. Croally）颇具洞见地评论了这个片段：

> 行 368 及下的卡桑德拉采取毫无传统根据的立场质疑了一个传统事实，亦即希腊人赢得了特洛亚战争。我们只需看看高尔吉亚的《海伦颂》就会发现，这种看似自相矛盾的观点是智术师思想的一大特色。①

在《特洛亚妇女》的对驳中，如今沦为墨涅拉俄斯女俘的海伦就自己的身世与赫卡柏展开论辩。由于高尔吉亚的写作时间不确，这场涉及这段话与高尔吉亚《海伦颂》可能关联的论辩也变得复杂起来。有人认为，《海伦颂》的写作时间介乎《特洛亚妇女》和《海伦》之间，我倾向于像绝大多数人那样认为，《海伦颂》的创作时间先于《特洛亚妇女》，但还有些人认为《海伦颂》的时间尤从

---

① Croally（1994），pp. 221 – 222. 他进而表示（p. 125；cf. p. 255），在这段戏文里，欧里庇得斯可能也是在批评雅典的帝国政策，尤其是雅典的战争政策。Cf. J. P. Vernant, "Greek Tragedy: Problems of Interpretation," in E. Donato and R, Macksey eds., *The Structuralist Controversy* (Baltimore, 1970), Croally 也提到了此文。

判定。

在为海伦辩护时，高尔吉亚给出了海伦抛弃墨涅拉俄斯的四种可能解释：

> 她这么做，要么遵照了命运女神的意志，诸神的设计和必然女神的命令；要不然就因为她受人胁迫；或者因为她受人言辞蒙骗（要么因为她被爱欲征服）。

我们看一下欧里庇得斯笔下海伦的辩护（《特洛亚妇女》，行914及下）就会发现，唯一也出现在高尔吉亚《海伦颂》里的是关于阿弗洛狄特力量的辩解。海伦提出了一些别的理由：帕里斯选择了她［海伦］，而没有选择赫拉和雅典娜的收买，从而使希腊免遭亚细亚征服；墨涅拉俄斯［54］不该在帕里斯到访斯巴达之时不在场；帕里斯在特洛亚死后，她被迫嫁给得伊福玻斯（Deiphobus），试图逃离特洛亚却未果。但就我们所知，海伦的上述辩护并没有体现出智术师的什么贡献，兴许除了他们那闻名遐迩的为不被看好的材料辩护的技能，当然了，还有我们已经提到的他们在修辞上对欧里庇得斯式对驳的总体影响。就后一方面而言，海伦为自己辩白的一段话（《特洛亚妇女》，行925－934，海伦表明了若另两位女神中任一位成功让帕里斯接受了她们的收买，随后将在希腊发生的事），不过就是"可能性推论"（arguments from probability），而后者被视为智术师修辞的典型特征（Cf. Lloyd［1992］，pp. 22 ff）。

赫卡柏的驳斥（《特洛亚妇女》，行969－1032）与高尔吉亚的《海伦颂》在具体细节上也几乎没有什么共同之处（可能有一个例外，下文会论及）。赫卡柏驳斥了海伦宣称自己挽救了希腊的观点。赫卡柏断言，赫拉永远不会出卖阿尔戈斯（Argos），雅典娜也不会让她的城邦受特洛亚统治。再者，阿弗洛狄特也无需护送帕里斯去斯巴达：身为女神，阿弗洛狄特可能只是把海伦送到了特洛亚。不：海伦一瞧见帕里斯，她就变成了自己的"阿弗洛狄特"。至于说海伦想逃离特洛亚，她在特洛亚的行为可与这种宣称大相径庭。

在高尔吉亚作品可能影响了这场对驳上，最近有评论家表达了稍有不同的看法。罗伊德（Michael Lloyd）表示，这种影响没法得到证明：我们已看到，高尔吉亚为海伦行为提供的四种理由，除了阿弗洛狄特扮演的角色（早在高尔吉亚以前就有人提出这种观点），均未出现在欧里庇得斯笔下海伦的自辩中。①

斯科戴尔（Ruth Scodel）精妙地证明，这两段文本的关系是大体上的，不存在"模仿"。为此她特别指出，[55]《特洛亚妇女》关于凡人还是神该为情事负责的那场对驳中的含混，暗示了智术师的双重论证（dissoi logoi），这场对驳简直就是一场"公元前 5 世纪的论辩"。② 斯科戴尔对高尔吉亚呼应了《特洛亚妇女》（行 987 - 990）的分析尤有见地，这点我稍后会在下文提到（见下文，注释 12）。不过，我不完全同意她对这场戏的结论：

> 这场戏对智术师方法的批评，不是通过表明这些方法的缺陷，而是通过成功运用其中一种智术师观点（Scodel [1980]，p. 99）。

可以肯定的是，在这场戏中，欧里庇得斯关心的是戏剧性效果甚或舞台效果，而非对智术师的方法进行价值评判。

下面这段引文就将表明，最近研究过这场戏的评论者克罗阿里（Croally [1994]；下面的引文出自页 144 - 145）就发现，《特洛亚

① Lloyd（1992），pp. 100 ff. Cf. Segal（1962），pp. 99 - 155.

② Ruth Scodel, *The Trojan Trilogy*（Gottingen，1980），pp. 96 ff.

妇女》中的"对驳"与高尔吉亚《海伦颂》有着某种关联（虽然
可能关联并不紧密）：

> 和高尔吉亚《海伦颂》中的言说者一样，[欧里庇得斯对
> 驳中的] 海伦利用传统宗教观念和文化观念证明，她不该 [对
> 所发生的一切] 负责。对歌队而言，海伦身具某种普罗塔戈拉
> 的品质，因为她能让有罪的观点显得无辜……海伦和赫卡柏的
> 观点都使用了公元前 5 世纪的那种论证。

通过扼要总结高尔吉亚和欧里庇得斯的那些片段，并至少援引
一些欧里庇得斯研究者的观点，我们看到，二者似乎的确存在某种
关联，[56] 但我们不能说，诗人直接进行了模仿。

不过，欧里庇得斯这个戏段还有一些特征可能一定程度上表明，
他在写作这场对驳时关注了高尔吉亚的《海伦颂》，他还可能有意
做出了回应。

譬如，我们看一下海伦在引入其自辩时的几处强调：

> **你对我心怀敌意，因此无论我的话**
> **有理没理，你或许都不会回答我。**
> 但是我要把我认为争论时
> 你会提出来的那些指控提出来（dia logôn iont' emou），
> 再拿出我的指控来回应你的指控（tois soisi t'ama kai ta
> s'aitiamata）。（《特洛亚妇女》，行 914 – 918）①

此处，海伦对言辞的强调及她所用的对仗表述都让人想起，高

---

① ［译注］《特洛亚妇女》中译本参见张竹明译，收于《古希腊悲剧喜
剧全集》，张竹明、王焕生译，第 5 卷，南京：译林出版社，2007。

尔吉亚在为海伦辩护中提到劝谕的力量时，也使用了类似的强调和表述（《海伦颂》，13）。或许更意味深长的是，在把自己所受的指控或责任由自身转嫁他人的语境中，海伦一开始就强调了 aitiamata［指控］，这就让人想起高尔吉亚对海伦行为原因的各种解释以及为她开脱罪责时对 aitia［指控］的强调（参见《海伦颂》5、6、8、15 等）。但是，较之智术师纯然修辞学上的开脱，欧里庇得斯笔下海伦的这部分辩解在及时性上更有优势，因为海伦的确能在舞台上把责任推给其他角色：推给赫卡柏——她生下了帕里斯，还让这个"祸首"（卡桑德拉如是称呼他）活下来（《特洛亚妇女》，行 919 - 922），推给墨涅拉俄斯——他出访斯巴达，可谓给帕里斯留下"一片旷野"（《特洛亚妇女》，行 943 - 944）。

［57］最后，欧里庇得斯有意驳斥（在海伦发完言之后）海伦的每个正式辩护。又有谁比赫卡柏（卡桑德拉的所有"慰藉"）更适于驳斥海伦呢——因为海伦，赫卡柏已经失去家族和城邦？我已在上文总结过的这场反驳，为只同时出现在高尔吉亚《海伦颂》和本剧海伦发言中的那部分自辩，提供了一个极为欧里庇得斯式的回答（首先是字面上的，其次是用说理的方式）。同样有意思的是，在赫卡柏驳斥海伦观点的这部分中，她使用了一种典型的"高尔吉亚式的"描述：视觉是爱欲身体方面的组成部分，除了用他的"阿弗洛狄特观点"，高尔吉亚还用之（《海伦颂》，15）作为替海伦开脱罪责的一种手段：

> ……因为我们所见之物，具有我们不作选择的属性……通过视觉（dia tês opseôs），灵魂甚至因此受其影响（tropois）。①

---

① 除了 Scodel 和 Croally，亦参 Guthrie（971），p. 92，n. 2，and Goldhill（1986），pp. 236 - 238。

因此，当欧里庇得斯笔下的赫卡柏带着冷笑讥讽地驳斥海伦所谓的
"阿弗洛狄特借口"时，

> 我的儿子生得太漂亮了，
>
> 你一瞅见他心智就变成了库普里斯。（《特洛亚妇女》，行
> 988）

我们不由得认为，欧里庇得斯正是选取了这个高尔吉亚观点，调侃
地用它反驳海伦而非为之辩护。①

赫卡柏冗长的发言还引入了另一点，这点与我们探讨欧里庇得
斯对这种智术师主题的处理有关：

> 到现在，你还这么
>
> 穿金戴银地出来，和你的丈夫出现在
>
> 同一片蓝天下，啊，你个无耻的女人！
>
> 这时候你应该穿上破衣烂衫，
>
> 吓得发抖，剪了头发走出来……（《特洛亚妇女》，行
> 1023－1028）

[58] 此处赫卡柏对海伦外貌的描述，仿佛她在舞台上活生生
站在我们跟前，这再次提醒我们注意高尔吉亚强调的，视觉会影响
灵魂（《海伦颂》，15），这种影响适用于戏剧，却不适用于修辞术
对论辩的处理。

克罗阿里如是评论《特洛亚女人》中的这场对驳：

①　Scodel 注意到二者的相似之处（1980）：高尔吉亚和欧里庇得斯都把
"视觉"（分别见 *Enc.* 15.5 中的 *opsis* 和《特洛亚妇女》行 98 中的 *idôn*）与
身体上的爱欲（erôs）关联在一起，页 98－99。

……有点儿欧里庇得斯式揶揄的意思，因为［赫卡柏用］一整套可能更具当代性也更前卫的观点，回应了［海伦］具超现代特征的高尔吉亚式说辞（Croally［1994］，p. 156）。

这种敏锐的评论可能接近事实真相。但即便如此，依我之见，这场戏的确给我们提供了另一个例子，证明诗人有意别出心裁地处理了同时代的智术师宣扬的一个主题。

《赫卡柏》

在某些方面，欧里庇得斯的《赫卡柏》比他的任何别的传世剧作都更好地代表了这位剧作家对修辞术的力量及滥用的思考，尤其当它们出现在现实政治（Realpolotik）世界中时。近期有几项研究探讨了这两方面的特征，其中有人注意到，剧中使用的一些表述，表明了公元前 5 世纪末特有的时代错置的政治基调。①

《赫卡柏》以截然不同的方式阐述了两个有力的相关主题，亦即修辞术（修辞术的用处及其滥用，以及修辞术在极为不同的情况下的作用）与回报（charis）这个著名的希腊德性，我们已经看到，"以恩报恩"尤其受智术师观点的含混影响（见上文，第三章）。这两个主题都在此剧极具修辞意味的那些戏段里得到了阐发，虽然我们会看到，歌队引入戏剧行动的抑抑扬格合唱，蜻蜓点水般地预告了这两个主题。

---

① See, for example, Michelini（1987），ch. 6，esp. secitions III and VI；R. G. A. Buxton, *Persuasion in Greek Tragedy*（Cambridge，1982），pp. 170 – 88；Lloyd（1992），ch. 2，passim. Cf. also Conacher（1967），ch. 8，and（1981），pp. 3 – 25.

[59] 和《特洛亚妇女》一样，《赫卡柏》发生在特洛亚战争引发的痛苦之后，焦点是王后赫卡柏的苦难，她痛失夫君，无依无靠，沦为获胜的希腊人的俘虏。在第一场戏中，希腊人把赫卡柏的女儿珀吕克塞娜（Polyxena）献祭给阵亡的英雄阿喀琉斯的鬼魂；在第二场戏中，赫卡柏幼子的尸体（因他的金子遭其色雷斯庇护人珀吕墨斯托耳［Polymestor］谋害）被冲上色雷斯海岸。① 这两起骇人听闻的事件（遇害的珀吕多洛斯［Polydorus］② 的鬼魂在开场白中预示了这两起事件），以及王后对这两起事件的反应预告了戏剧行动，此剧的修辞结构就围绕这个戏剧行动确立。

在第二开场独白中，丧夫的王后赫卡柏用梦境的象征性语言（"……一匹正在吞食着梅花鹿的狼，被人从她的双腿上拖走"）描述了关于这些可怕行为的怪梦。接着，在进场歌的数行抑抑扬格诗中，由被俘的特洛亚女人组成的歌队描述了赫卡柏"狼梦境"预示的真实事件的开端，虽然歌队的描述仍属于超自然的神话世界：阿喀琉斯的鬼魂如何穿着金铠甲显现（行108及下），阻扰了阿开俄斯人的返航舰队，鬼魂责怪他们没有尊崇他的葬身之所。

旋即，在歌队的描述中，措辞由超自然的神话世界转变为公元前5世纪的论辩用语：

> 这引起了一场论辩的风暴，
> 在持枪的希腊人队伍里，
> 意见（doxa）一分为二：有的主张

---

① ［译按］此处为作者笔误，赫卡柏幼子珀吕多洛斯的尸体是在希腊大军因无风滞留色雷斯（而非特洛亚）荒岛时被冲上海岸（非原文所说的特洛亚海岸）。

② ［译按］此处原文 Apollodorus 为作者笔误。剧中开篇由赫卡柏遇难的儿子珀吕多洛斯的鬼魂致开场白。

　　给坟献祭，有的（tois men. . . tois de）不赞成……（《赫卡柏》，行 116 – 119）

　　随着奥德修斯的介入（歌队一边还在细述［60］那些事件），"修辞术"和"回报"的主题首次出现。很快，那位"花言巧语、取悦民众的"（hêdulogos, dêmocharistês）牧人（行 132）就说服军队同意在阿喀琉斯坟前祭杀赫卡柏的女儿珀吕克塞娜，

　　　　不能让任何一个死者说我们
　　　　达那俄斯人，一离开特洛亚平原
　　　　就不感谢为希腊而死的
　　　　那些达那俄斯人了。（《赫卡柏》，行 138 – 140）

　　的确，从奥德修斯在这整段论辩中的介入来看，我们似乎置身公元前 5 世纪雅典议事会论辩的场域。在赫卡柏后来讲述针对珀吕克塞娜的表决时，学者们注意到各种让人联想起政治论辩和智术师论辩的语词和表述，譬如 dissôn muthôn rhêtores（"持双重观点的言说者"，行 123 – 124）；koina gnôma（"共识"，行 188 – 189），Argeiôn doxai psêphôi（"据阿尔戈斯人投票通过的决议"，行 195 – 196）。[①] 因此，尽管修辞术和回报的主题（尤其在政治语境中）最常出现在此剧的重要发言里，这两个主题都早已巧妙地在那些引入性的戏段里有过预示。

　　赫卡柏在剧中有三次重要发言。在第一段发言中（行 251 – 295），她徒劳无功地祈求奥德修斯饶女儿一命。在第二段发言中（行 786 – 845），赫卡柏（最终成功）祈求阿伽门农帮她报复珀吕

_____

　　① 亦参 Michelini（1987）的述评，pp. 144 – 145，以及 Buxton（1982），p. 172。

墨斯托耳。在第三段发言中（行 1188 – 1237），面对珀吕墨斯托耳指控她为了复仇杀了他的孩子，赫卡柏在阿伽门农面前为自己辩护。赫卡柏三次祈求的成败，取决于其劝谕技能的技巧（或缺乏技巧），反过来，在她的每一次祈求中，赫卡柏在不同情形下[61] 对基于回报的互惠这点的不同运用，也带来了截然不同的结果。

在她的第一段发言中（行 251 – 295），赫卡柏想让奥德修斯回报（charis，行 276）她曾在特洛亚战争期间施与他的恩惠。

> 从我这里得到为你承诺的那些恩惠后，
> 你不是在对我要诡计，
> 千方百计地使坏，不做一点好事吗？
> 你们是忘恩负义的种子，都巴结民众
> 追求名誉地位……（《赫卡柏》，行 251 – 255）

在他们的前一段对话中，赫卡柏已经宣称（奥德修斯也承认了，行 239 – 250），赫卡柏发现奥德修斯在特洛亚城内侦察时曾饶过他一命。而今，和欧里庇得斯对智术师主题惯常的修辞性处理一样，随着赫卡柏简单的关系代词 "［你］……（hos k. t. l）"（行 252），变成了 "像你这种忘恩负义的人……（achariston humôn sperm' hosoi...，行 254）"，具体事务逐渐变得一般化。在这段发言稍后，赫卡柏进一步明确了她所谓的 "以恩报恩" 的观点：

> 我回过来求你报答我之前的恩惠（charin t'apaitô tên toth' hiketeuô te se...，行 276）……不要杀害我的孩儿。

政治修辞术的另一个方面，在赫卡柏即将结束祈求时得以凸显。赫卡柏请求奥德修斯用他的说服力劝军队做出有利于她的决议：

你的名望（axiôma）就能使他们信服，即便说得不好；

［62］因为，同样一番话（logos）由一个受人敬重（adoxount 因为）的人说出，

和由一个无足轻重的人说出，分量不一样。（《赫卡柏》，行 293 - 295）

奥德修斯用一段发言回应了赫卡柏诉诸其回报观的请求（行 299 - 331），已有学者恰如其分地指出，这段话展现了"一位大师级的人应对危机的方式"（Buxton［1982］，p. 175）。奥德修斯的开场白就表明了其回应的智术师特质，

赫卡柏，我来教教你吧。（Hekabê, didaskou，行 299）

赫卡柏要求奥德修斯报答她的救命之恩，奥德修斯很愿意救她一命作为回报——这当然不是赫卡柏的诉求。赫卡柏即将吸取的教训就是，倘若外邦人（譬如特洛亚人）（像希腊人现在提出敬奉阿喀琉斯那样）回报了他们死去的英雄，那么，他们就会和希腊人一样繁荣昌盛——而外邦人并没有这么做。这种回应无疑配得上头号智术师的称号（阿里斯托芬笔下的歪理［Adikos Logos］）。同样，和《阿尔刻斯提斯》中一样，情境似乎决定了（至少对言说者而言）回报的价值。对奥德修斯而言，政治上的回报远比任何个人主张重要。

然而，珀吕克塞娜拒绝了母亲让她也哀求敌人奥德修斯的请求。为了女儿，高贵的特洛亚王后赫卡柏已经屈尊向他求情。未几，传令官塔尔提比乌斯（Talthybius）就宣告献祭完成。当赫卡柏听闻珀吕克塞娜不愿一生为奴而勇敢面对死亡时，她陷入了一段典型的欧里庇得斯式沉思，她思索了人类高贵的原因：

> 这不奇怪吗：如果差的地碰上了
>
> 神赐的风调雨顺，也能获得好的收成，
>
> 好的土地得不到应有的照管培养，
>
> 也会得到坏的收成；但是人类
>
> 恶者永恶，不会变善，
>
> 善者永善，不会变恶，
>
> 灾难不能改变人的品性。（《赫卡柏》，行 592 – 598）

赫卡柏本人对接下来那场灾难的反应，却表明她的话可悲地反讽。紧接着，一阕简短的合唱插曲之后，珀吕多洛斯的尸体就被人从海边抬进来。赫卡柏获悉，儿子就遭（托付给他照看的）珀吕墨斯托耳亲手杀害。

当赫卡柏请求阿伽门农为珀吕多洛斯之死报仇时，第二个戏剧场景（"复仇场景"）由此开启。在她的第二段长篇发言中（行 786 – 845），这位王后一上来（行 786 – 811）就吁请阿伽门农王捍卫好客的神圣礼法（nomos，行 800），① 但她的祈求失败了。这位国王一走，赫卡柏就说了一段令人难忘的话，后来可能有人用这段话吸引人们拜入智术师门下学习修辞术：

> 我们凡人为何那么辛苦地要去
>
> 研习一切别的学问，不索性交笔学费
>
> 再去学习并完全掌握
>
> "劝谕"的技艺，这人间唯一真正的女王?（《赫卡柏》，行 814 – 818，节选）

---

① 关于这段涉及 nomos 的戏文的讨论，参见下文第五章，页 89。

再向阿伽门农祈求时，绝望中的赫卡柏现在卑劣地运用了回报的观点。她请求阿伽门农的帮助，"以恩报恩"（charin，行830），报答被俘的女儿卡桑德拉带给这位国王的性好处，这才让阿伽门农与她共图复仇计划。

赫卡柏现在实施了骇人的复仇。她许诺有宝藏引诱珀吕墨斯托耳父子进入她的营帐，在那里，被俘的特洛亚妇女剜出 [64] 珀吕墨斯托耳的双眼，杀害了他的儿子。现在轮到珀吕墨斯托耳叫嚣着要阿伽门农报复赫卡柏，他在请求中也运用了他对回报观点的看法：

> ……这就是我热心为了你（speudôn charin），阿伽门农啊，
>
> 杀了你的敌人，而遭受的苦难……（《赫卡柏》，行175 –
>
> 176）

赫卡柏的回答（出现在她在此剧最后一段长篇发言中）很有意思，她在剧作的两大主题（修辞术和回报）上都运用了智术师的观点：

> 阿伽门农啊，人世间永远不应该
>
> 把言辞看得比行动更重要。
>
> 而应该行事正义的人说话也正义，
>
> 做坏事的人说的理也是歪理，
>
> 他永远不能把不正义之事说得有理。（《赫卡柏》，行1187 –
>
> 1191）

> 这序言是我对你说的，
>
> 下面我来对他说，回答他的话。
>
> 你说我杀了我的儿子是为了免除

阿开俄斯人的第二次辛苦，为了阿伽门农。

但是，啊，极恶之徒，首先，

外邦人怎会变成希腊人的朋友？

这绝不可能。你这么热心

是为了获得什么回报（charin）呢？是指望迎他的女儿，

还是因为同宗？或是别的什么原因？（《赫卡柏》，行1196 –

1203）

在这两段说辞（虽然极富修辞力）中，这位王后的依据显得站不住脚。赫卡柏之所以能成功说动阿伽门农，是因为她很聪明（而非好）。她还讥笑，外邦人（barbaros）[65]几乎不可能从希腊人那里获得回报，这话既适用于她的祈求，也适用于珀吕墨斯托耳的祈求。

赫卡柏成功驳斥了珀吕墨斯托耳的指控。（或者说，她成功指控了珀吕墨斯托耳？）身为先前多少"有担当的"（committed）法官，阿伽门农粗暴地拒绝了珀吕墨斯托耳的祈求（行1240 – 1251）。在赫卡柏最后也最成功运用劝说技艺的这段话中，赫卡柏重新焕发出一种充满自信的力量，迥异于她在开头几场戏中的乞援人形象。然而，赫卡柏聪明地运用修辞术，她现在还不时聪明地运用智术师的观点，这对于挽回她先前表现出的道德境界和尊严无济于事：赫卡柏先前正当地祈求奥德修斯和阿伽门农时表现出了这种境界和尊严——她在第一次祈求阿伽门农失败时表现出的这种境界和尊严，却在第二次祈求成功后丧失殆尽。其实，赫卡柏现在要为之辩护的那些复仇行动牵扯到残害无辜，这比献祭珀吕克塞娜更为可怕。

我们很难知道，欧里庇得斯时代的雅典观众究竟会如何设身处地地评价赫卡柏的行为。但即便如此，最后这场戏里赫卡柏的道德境界，无法媲美开场呈现的那位受苦的王后，普里阿摩斯的遗孀，死去英雄赫克托耳的母亲。这种下降（decline）（堕落［degradation］一词可能言重了）可能象征性也无疑戏剧性地体现在珀吕墨斯托耳非同寻常的预言里（《赫卡柏》，行1265及下，他宣称是在转述"色雷斯人的先知狄俄尼索斯的话"，行1267）：赫卡柏会变成母狗。诚如科拉德指出，① 变形成母狗是

> 表明无耻的典型隐喻……至少切合珀吕墨斯托耳对她［赫卡柏］的看法。

而珀吕墨斯托耳并未杜撰这则预言，就算这种神话变形原先并不含贬义，欧里庇得斯此时引入母狗的神话变形，［66］也很可能已然意识到可能会给人留下不良印象。

在欧里庇得斯戏剧性呈现接二连三的可怕灾难对某个高贵人物的影响中，赫卡柏的这种败坏（degeneration）（至少我这么认为）无疑是最可怕的一种（这也表明赫卡柏本人表达的观点含有某种反讽的自相矛盾：在反思珀吕克塞娜之死时，赫卡柏表示，高贵的天性不会遭败坏）。在这个极具悲剧性的主题面前，我一直致力于探讨的修辞主题相形见绌。但我认为，诗人至少故意反讽地表明了赫卡柏的下降（decline）：她以牺牲"正义"为代价，换来修辞上的越发成功。因此在这种意义上我们不妨认为，欧里庇得斯对赫卡柏的刻画是在谴责修辞术是一门"不择手段的劝说技艺"——例如，从高尔吉亚的《海伦颂》及柏拉图在《高尔吉亚》（453a 和 455a = D – K 82 A28）中对其观点的呈现来看，高尔吉亚似乎就这么看待

---

① C. Collard, ed., *Euripides*, *Supplices*（Warminster 1991），见他的注释。亦参他所指出的这个神话出现的另一些地方。

修辞术。①

　　《赫卡柏》的解读五花八门。学者们可能大多会同意，欧里庇得斯这样呈现了王后这个人物：遭难后的赫卡柏经历了某种道德下降（moral decline），虽然不是所有人都像我这样描述了这种下降。比如，里克福德（Reckford）和纳斯鲍姆（Nussbaum）都倾向于赋予赫卡柏的下降某种更深刻的宗教或哲学维度，他们认为，这种下降与她不再信奉作为礼法捍卫者的诸神有关，赫卡柏在行 798 及下就表达了这种看法。②

　　不过，最近还有一些评论者不认同对赫卡柏刻画的"道德败坏观点"（demoralization view）。莫斯曼（Mossman）虽大费周章地描述了她认为的更流行的观点（亦即这种"道德败坏观点"），却极力驳斥了这种看法。③科拉德对赫卡柏人物刻画的看法也比我更正面。[67] 他认为，在报复珀吕墨斯托耳时，这位王后的心境已由绝望转为傲慢。④

---

　　①　关于此剧及其他欧里庇得斯剧作对修辞术与戏剧关系的探讨，see also Conacher（1981），pp. 3 – 25；Buxton（1982），pp. 170 and 182 – 186；Michelini（1987），p. 142；Mossman，*Wild Justice*（Oxford，1995），ch. 4. 我们也要注意 Buxton 的明智提醒——《海伦》在贬义上呈现修辞术，并不能表明诗人对这种技艺的总体看法：他援引了《乞援女》行 349 及下及此剧其他戏段说明，欧里庇得斯在更正面的意义上呈现了修辞术。

　　②　See Kenneth J. Reckford，"Concepts of Demoralization in *Hecuba*，" in *Directions in Euripidean Criticism*，ed. Peter Burian，pp. 122 – 128，and Martha Nussbaum，*The Fragility of Goodness*（Cambridge 1986），pp. 399 – 405. 不过，cf. also Gordon M. Kirkwood，"*Hecuba* and nomos，"*TAPA* 78（1947），pp. 61 – 68，他认为，此剧转折点出现在赫卡柏从 nomos 转向 peithô（"劝谕"）之时。

　　③　See Mossman（1995），ch. 6，esp. pp. 16 ff.，174 ff.，177 ff. 她还精彩描述了其他从传记体角度对此剧的研究。Cf. also her ch. 4，esp. pp. 121 – 122.

　　④　参见 Collard 为他的《乞援女》所作的导读（1991），p. 23。

对于他笔下智术师主题背后隐含的各种智术师教诲，欧里庇得斯本人持何种看法，这不是本研究关注的重点。不过，从这位剧作家对"修辞术的力量及滥用"的处理来看（至少，就我们从《特洛亚妇女》和《赫卡柏》中所见），欧里庇得斯表明的看法，似乎（比他在其他剧作中表达的看法）更接近智术师的真实观点和做法。这点可能尤其真切地表现在他们对外邦人的态度上。总体而言，我们不妨认为，智术师（他们中的很多人都是来自外邦的智识人）抨击了雅典人的信念：希腊人优于外邦人（barbaroi）。对这个智术师观点的最清楚表述，可能出现在安提丰（D–K 87 B44）笔下。在那里（虽然安提丰本人很可能是雅典人），他声称，外邦人和希腊人在天性上别无二致。安提丰还表示，所有人都遵守相同的自然法，都以同样的方式呼吸和进食。①从《特洛亚妇女》和《赫卡柏》的几大特征来看，欧里庇得斯似乎也明确否定了雅典人在这个问题上的自视优越。在这两部剧中，主要（无疑也是最令人同情的）角色都是特洛亚人，而非希腊人。在《特洛亚妇女》中，除了对比残忍的希腊人与受苦的特洛亚人，海伦还扮演了一个蹩脚的角色，在道德上反衬她的论辩对手赫卡柏。在《赫卡柏》中，在敬奉死去的战友这件事上，奥德修斯宣称希腊人优于外邦人。他以此作为部分理由，冷酷拒绝了赫卡柏求他不要用珀吕克塞娜祭奠阿喀琉斯幽魂，这就暗中推翻了他的宣称。同样，在稍后的一段戏文中，赫卡柏吁请希腊首领阿伽门农捍卫礼法也彻底失败，而当她诉诸这位国王不那么高贵的利益时，赫卡柏却成功了。

---

① Cf. Guthrie（1971），pp. 122 ff, and nn. 2 and 4，p. 153. Cf. also Goldhill（1986），p. 227.

[68] 最后，在这些涉及"种族立场"的戏段里，我们看到（《赫卡柏》，行1199及下），赫卡柏站在充当"法官"的阿伽门农面前，利用希腊人的自视优越，嘲笑外邦人珀吕墨斯托耳谎称是为了维护与希腊人的友爱（涉及回报）。因此，仅仅依据这两部剧，克罗阿里就宣称，这位剧作家与智术师一道挑战了雅典人关于希腊人－外邦人对立的观点——他无疑代表了大多数欧里庇得斯研究者的观点（See Croally［1994］，p. 111ff.）。不过，霍尔（Hall）提出了一种略为不同的观点（克罗阿里在谈论这点时也提到了她）。霍尔认为，

> 悲剧里的修辞通常把虚构的外邦人视为一个代表希腊价值对立面的单类⋯⋯

她就提到了欧里庇得斯笔下的例子：

> ［《赫卡柏》中］贪得无厌、虚与委蛇的珀吕墨斯托耳，以及《俄瑞斯忒斯》中怯懦的弗里吉亚人（Phrygian）。①

但霍尔后来也认识到，欧里庇得斯剧中的若干角色，尤其是"特洛亚剧"中的角色，其实"充满了希腊人的德性"。我们要感谢霍尔，是她提醒我们注意欧里庇得斯笔下邪恶的外邦人，她还在整个第四章探讨了她在古希腊悲剧中的发现——"希腊文化与外邦人文化的对立"。但我不认同霍尔的如下看法：欧里庇得斯笔下"更希

---

① Edith Hall, *Inventing the Barbarian*：*Greek Self – Definition through Trage-dy*（Oxford，1989），pp. 160 – 161. Hall 还提到与此相关的 M. L. Apte, *Humor and Laughter*：*an Anthropological Approach*（Ithaca and London，1985）。关于上文讨论过的 Hall 的第二点，see *Inventing the Barbarian*，ch. 6，especially pp. 211 ff.

腊化的"外邦人是例外，塑造他们主要为了"纯粹的戏剧性权宜"。

　　关于欧里庇得斯对现实中的智术师运用和滥用修辞术的看法，《特洛亚妇女》和《赫卡柏》中对修辞术的处理分别表明了截然不同的路径和意图。在《特洛亚妇女》的对驳里，我们注意到的此剧与高尔吉亚《海伦颂》的那些异同，以及欧里庇得斯戏段的栩栩如生和铿锵有力，似乎都表明，诗人在此［69］着力于打造一部戏剧性杰作，它可能涉及智术师最喜欢论辩的某个主题，却没有对此进行任何道德评判。但在《赫卡柏》中，奥德修斯和赫卡柏的对驳及两人的说辞在各自语境中的效用似乎又的确表明，修辞技能（或者至少是修辞术的效用）与正派互生龃龉（虽也不尽然）。

第四章　真实与感观认知

智术师的观点

[70] 迄今为止，欧里庇得斯严肃处理的（智术师教诲表明的）那些主题，我们已经进行了讨论。接下来要考察的主题，亦即智术师关于人类认知真实的观点及他们对这些认知是否可传达的看法，（我们不妨认为）成了我们的剧作家至少在一部传世作品中戏仿的对象。

普罗塔戈拉的名言，"人是万物的尺度……"引发了诸多争议，（所幸）我们眼下的研究无需解决这些争议。不过，我们仍要考察这种观点的一两处更明显的含混，因为这位哲人的同时代人（包括欧里庇得斯）就曾面对这些含混。

我们不妨从柏拉图《克拉提罗斯》（*Cratylus*，385e 及下 = D－K 80 A13）对这个学说的阐发开始：

> 诚如普罗塔戈拉所言，"万物"的尺度是人——那么也就是，无论万物对我显得如何（hoia men an emoi phainêtai），对我就是这样；对你如何，对你就是如此？①

————————

① ［译注］《克拉提罗斯》中译本参见刘振译，收于《柏拉图全集》，北京：华夏出版社，即出。

在《泰阿泰德》（*Theaetetus*）151e 及下（D – K 80 B1），柏拉图用同样的方式描述了普罗塔戈拉的学说，[71] 只不过他还补充了风的例子：不同的人对风带来的寒冷感知不一，他还断言，对普罗塔戈拉来说，"表象"（appearance）和"感知"（perception）（phantasia 和 aisthêsis）于每个人而言都是"存在"（being）的基础，是一码事。

因此目前看来，普罗塔戈拉似乎认为，"真实"或"真相"完全取决于感知它的个体，实际上，那种"真实"或"真相"也只存在于个体对它的感知中。

不过，比普罗塔戈拉晚得多的权威塞克斯托斯（Sextus，公元前 3 世纪）别样地表述了普罗塔戈拉的教诲。他一开始就表示：

> 普罗塔戈拉想让人成为万物的尺度，成为那些是其所是（tôn men ontôn），那些非其所非……的事物的尺度……正因为这个原因，他只认定在个体面前显现的事物，由此引入了相对主义（eisagei to ti）。（Sextus, *Pyrrh. h.* I. 216 及下 = D. K 80 A14；亦参 B1）

然而通过补充说，"事物处于变动不居的状态"（tên hulên rheustên einai，行 218），塞克斯托斯给人的印象是他推进了普罗塔戈拉的学说：人（无论是"总体的人类"还是"某个具体的人"）是判定各种表象的唯一标准。因此，由于这个原因和人自身的变化而感知到的那些变化，取决于年龄的差异和其他境况。

正是柏拉图与塞克斯托斯观点（就此而言，还有塞克斯托斯本人观点内含）的这些差异，导致人们在普罗塔戈拉关于感官认知与真实的教诲上各执一词。① 不过，格斯里（Guthrie）似乎令人信服地［72］驳斥了塞克斯托斯对柏拉图阐述的普罗塔戈拉观点的"肯定"，依据是亚里士多德《形而上学》（*Metaph.* 1047a4 – 7）中的证据：

> 因为如果没有感知的人，就没有什么东西［根据这种观点］会是冷的或热的，或是甜的或者一般说来是任何可感知的东西，这样一来，他们［那些持这种观点的人］就会肯定普罗塔戈拉的学说了。②

格斯里由此断言（页186）：

> ……普罗塔戈拉接受了某种极端的主观主义，根据这种主观主义，背后压根没有真实，也没有独立于表象的真实，表象和实在毫无二致，我们每个人都是自我感觉的法官。

在格斯里看来，其他智术师和普罗塔戈拉可能早已接受了这个观点：个体的感官认知至上，是真实的唯一来源。《双重论证》的作者（深受普罗塔戈拉影响）就很可能认同这个学说。无论如何，这位作者可能已在若干例子中运用了他所宣称的观点（D – K 90.4）：一个观点正确与否取决于情境和言说者。不过，高尔吉亚似乎没有将之贯彻到底，因为在其论自然的著作里，（如果说没有满足亚里士多德）他至少自满地（第奥根尼在 v. 25 引述了他的话，转引

---

① See, for example, Kerferd（1981），pp. 86 – 87；Guthrie（1971），p. 183 ff. 及此处提到的文献。Cf. also Untersteiner（1954），pp. 41 ff.，他比其他学者更坚信，塞克斯托斯在这个问题上所言不虚。

② ［译注］亚里士多德《形而上学》中译本参见李真译，上海：上海人民出版社，2005。

自 D – K 82 B3 结尾）提出，万物都不存在，要是有事物的确存在，也不能被理解，即便能被理解，也不能被表述出来（参见 D – K 82 B3 开头）（不过也有可能，高尔吉亚在此沉迷于某种逻辑训练，[73] 他关于感官认知的观点，与引自他关于自然著作中的观点大相径庭）。根据柏拉图《美诺》中的一段话，高尔吉亚似乎认同恩培多克勒（Empedocles）对感知的解释：感知受客体的"流溢"（effluences）影响（参见柏拉图，《美诺》76c 及下 = D – K 82 B4）。在这里，我们不探讨高尔吉亚关于"存在物"的前两个命题（和论证）。对第三个命题的讨论，对比其他同时代人对外部真实与人类理解力（或这种理解力的传达）关系的看法会很有意思。高尔吉亚在此提出了他的命题：存在物无法通过区分存在物（ta onta）（它们是外部的实在 [haper ektos hupokeitai]）与言辞（logos）传达，因为通过言辞传达必然受影响。

> 由于 [高尔吉亚认为]，我们借此揭示的是言辞（logos），但言辞并非本质和存在物（ta hupokeimena kai onta）（D – K 82 B3，section84；整个论证参见 section 83 – 86）。

高尔吉亚否定言辞是一种能有效传达真实的工具，然而比这更重要的是这个智术师教诲：就任一实物，我们都只能用一个语词或"名称"（onoma）进行描述。① 这个学说尤与普罗狄科相关，虽然并不限定于他的教诲。（参见 D – K 84 A1418；来源是多部柏拉图对

---

① 智术师（或者至少是某些智术师）关于"名称"和定义的学说，与对某些"德性"的含混处理关联在一起，前面第一章已讨论过这个问题。在下文中，我们将在一个截然不同的语境中关注这个学说：用名称来确定人物和事物的客观现实。为了读者的便利，我们还是最好重复上一段中提到的智术师文献，再补充与眼下语境相关的其他文献。

话；在 A17 的转引 [引自《拉克斯》197d] 中，人们认为，在所有智术师中，普罗狄科最热衷于在命名上进行过度区分。）在 DK 84 A19，一段转引自亚里士多德的话（*Topics* II. 6，112b22）批评了普罗狄科试图通过为每一种快乐指派不同名称（onoma）区分各种快乐。

[74] 兴许，对这种"正名"（onomatôn orthotê）学说最精妙的描述，出现在柏拉图《克拉提罗斯》（383a – b）里（在一段据称是克拉提罗斯所说的话里）：

> 名称的 [a5] 正确性由于自然而然合乎每个事物，名称不是某些人在一致称呼、发出他们自己的一部分声音时称呼的这个东西……而是天生具有 [383b] 某种正确性，对希腊人、外邦人和所有人都一样。

智术师关于"感官认知和真实"及我们对真实的感受是否可传达的各种教海，在哲学层面并非完全严格一致。但我们会看到，各种观点在哲学上的这种不一致，对我们探讨它们的目的并不重要。

《海伦》中的表象和真实

在欧里庇得斯的传世剧作中，《海伦》最精妙地戏仿了"表象与真实"的主题及各种与之相关的智术师教海。扼要概述《海伦》的情节会让我们初步看到，诗人如何展开了这个主题。①

根据欧里庇得斯对海伦神话的改写（充满想象地推进了斯特西

---

① See also Ann N. Pippin 对此剧的精彩讨论，"Euripides' *Helen*: A Comedy of Ideas，" *CP* 55（1960），pp. 151 – 163，我本人对《海伦》的研究（这里及更早）受益于她的研究。Cf. also Pippin 后来对《海伦》的处理，*Catastrophe Survived*（Oxford，1971），ch，4. See also Conacher（1967），ch. 16。

科罗斯为海伦作的翻案诗［已佚］），① 海伦压根儿没到过特洛亚。相反，为了刁难阿弗洛狄特，赫拉造出一个以假乱真的魂影，跟随帕里斯一起到了特洛亚，而真实的海伦被赫尔墨斯送给了埃及王普罗透斯（King Proteus of Egypt），特洛亚战争接近尾声时，海伦又（由诸神设计）被送回墨涅拉俄斯身边。因此，特洛亚战争是为一个魂影而战。不过，这个魂影似乎逼真到骗过了帕里斯，尔后［75］墨涅拉俄斯把魂影救出特洛亚时，又骗过了墨涅拉俄斯。与此同时，好王普罗透斯死后，海伦为了不落入继位者忒奥科律墨诺斯（Theoclymenus）的阴谋，被迫滞留在普罗透斯的坟地附近寻求庇护。忒奥科律墨诺斯曾指誓要杀死任何靠近他海岸线的希腊人，尤其是墨涅拉俄斯。因此，舞台的设置是为了上演一出喜剧，涉及错认身份（海伦和她的魂影）、名不副实（惨遭希腊人中伤的海伦其实和佩涅洛普［Penelope］一样贞洁），以及对"表象/事实"主题的各种耍弄。

错认身份紧随透克洛斯（Teucer）到来发生（行68及下）（可谓误打误撞：戏剧性可能不是此剧的突出特征），他惊诧于看到一个如此酷似海伦的人，但他否认了（眼前）感官的证据，因为他曾

---

① 斯特西科罗斯写了有关海伦的一部或可能两部"翻案诗"（palinode），在诗中，他放弃了先前在一首关于海伦的颂诗（也已散佚）中对海伦有损形象的呈现（有人从传说和"政治"方面解释了斯特西科罗斯的改写）。这（两？）首翻案诗的准确细节仍存疑。似乎可以肯定，斯特西科罗斯杜撰了海伦的魂影，并用魂影替换了特洛亚的真实海伦，他还可能杜撰了真实的海伦受国王普罗透斯庇护逗留于埃及，虽然在斯特西科罗斯版本中，海伦如何到达埃及仍然成谜。对这个问题的更全面概述（尤其包括各种相关来源），see Conacher（1967），pp. 286–289，以及最近也更权威的 *The Cambridge History of Classical Literature*，vol. I，part I，ed. P. E. Easterling and B. M. W. Knox（1989），ch. 5，"Archaic and Choral Lyric"（by Charles Segal），pp. 150–151。

目睹"真实的海伦"被墨涅拉俄斯从特洛亚拖走。

但这段开场戏只是预告了一场更重要的对应戏：海伦与墨涅拉俄斯相认的那场戏（这场戏几乎可以说是认识的缺失）。身穿破衣烂衫，一副遇难船员模样的墨涅拉俄斯上场，却发表了"第二开场白"，全都是关于他英雄过往的夸夸其谈。墨涅拉俄斯戏剧性描述了这场戏将要展开的"表象/真实"对比。同样，哪个是表象，哪个又是真实？当然，墨涅拉俄斯脑子里没有一丝疑虑：他和阿伽门农一起打造了那匹征服特洛亚的"著名木马"（kleinon zeugon，行392，对埃斯库罗斯的精妙模仿）。然而，当英雄墨涅拉俄斯被看门老妪（Old Portress）逐出宫殿大门时，我们又不太确定了。眼下，这位看门老妪的消息令接下来这场相认的戏充满困惑。看门老妪声称，有位斯巴达的海伦，"宙斯的女儿""廷达柔斯［Tyndareus］的孩儿"（行470、行472）住在这宫殿里，埃及王起誓要杀死任何靠近他海岸的希腊敌人。

［76］墨涅拉俄斯一度诧异于妻子的这三重身份（由名字、家世和父母表明），他知道自己已经把海伦留在了遇难船只附近的洞里。然而，一想到"重名"（"nominal plurality"）（"因为在很多地方，很多男人都有一样的名字，城邦和女人也一样！"），墨涅拉俄斯就打消了疑虑，直到海伦本人出现，相认的戏码马上就要上演。海伦起先见到墨涅拉俄斯的落魄样惊恐万状，过后，她接受了亮明身份的丈夫（海伦在等他：忒奥诺耳［他是邪恶的埃及王的妹妹，虔敬而明察秋毫的女祭司］的话让她相信，墨涅拉俄斯成功由船难生还）。墨涅拉俄斯却依然相信他从特洛伊救出的那个魂影才是海伦。在这场极富喜剧意味的戏中，墨涅拉俄斯不愿相信他亲眼所见的证据，也不愿与热切的妻子相拥。这场戏最后通过别出心裁地改编传统的揭晓或"发现"时刻得以解决：一名来自船难现场的水手

带回消息称，魂影已在空中消散不见，她在腾空时道明了一切（行605 及下）。

身份错认的主题，在成功设置的机关（mêchanêma）或"出逃计划"（行 1193－1300）中（搞笑地）得以延续（在此我们不必纠结于中间那场戏，在这场戏中，忒奥诺耳成功实施了计谋）。海伦曾编了个假故事告诉忒奥科律墨诺斯，"墨涅拉俄斯"已溺亡大海。墨涅拉俄斯就着这个故事扮成遭遇船难的希腊船员，操办自己的葬礼，用心怀感激的忒奥克吕墨涅斯（海伦现在答应嫁他为妻）提供的船只、船员、武器和供给全副武装，这些都是跨海逃跑所需的装备。因此，我们不妨认为，此处用（据称）溺亡的墨涅拉俄斯的假想尸体，代替了（现已消散的）海伦的魂影，使"表象和真实"的主题得以延续，虽然这个主题可能不如此剧前半部分那么鲜明。

[77] 我们在整部《海伦》中看到的"是"（what is）与"不是"（what is not）的含混，超出了身份的问题，甚至牵涉到海伦这个人物和她的名声问题：她的美貌显得是一笔财富，实则（如她的经历所示）不然（行 27，和行 261 及下），还有她的品格——她的希腊同胞认为海伦声名狼藉，其实也不然（行 270）。

我已经说过，这些精心构思的剧作（《海伦》表现的是"表象与事实"的主题）旨在戏仿智术师在这些问题上的教海，尤其可能是在戏仿智术师的如下主张：个人感官认知是真理或"真实"的至高标准、名称的使用，以及用言辞传达事实的可靠性（或不可靠性）。粗略看一下诗人用来传达这些含混的语言（我们已讨论过），可能有助于证实这种观点。

开场白就已有语词表明，表象可能（在《海伦》的情形中的确）带来欺骗和混淆。开场白引入的若干成问题的概念（虽然言说者未必意识到了这点），将在全剧各种不同语境中反复出现。因此，海伦将

自己的魂影描述为"不过是一个表象",

> 一场空欢喜,
>
> 帕里斯却自认为得到了我,虽然他压根不曾得到。(行 35 –
> 36)①

(我们已经看到 [D – K 80 A13 和 B1,上文已引],根据普罗塔戈拉,帕里斯把对魂影的感官认知当成海伦,可能真切地发生在了他身上。)这里的动词 dokei(可以像这里一样理解为"在他看来",也可以理解为"他认为")的用法与 dokêsis 有关。海伦用该词提醒我们注意,这个魂影不过是"一个表象"。然而,受骗的不只是帕里斯。这个魂影成了特洛亚战争的根源:"不是我,而是我的名字(onoma)",海伦解释称,[78] 她也就此引入了与我们的主题相关的另一个观念,"被当成了特洛亚战争的奖品"(行 42 – 43)。

　　对感官认知不可靠的强调,随着透克洛斯进场再度出现。但现在,用透克洛斯的话说,海伦本人是海伦的相似物(eikos)。实际上,透克洛斯的话(行 72 – 77 和行 80)最好地体现了构成全剧感官认知基础的那些含混和不确定。要不是注意到自己失态("我不该这么屈从于愤怒!",行 80),透克洛斯本准备杀了海伦,因为(他认为)她酷似海伦。因此,(暗中支配他的)透克洛斯本人的视觉或"看见"(opsis,行 72)欺骗了他,正如我们从他对海伦设问的回答中得知,这个魂影在特洛亚欺骗过他:

> 海伦:你那么确信你**看见**(eides)的这个海伦是真的?
>
> 透克洛斯:我亲眼看到了她,如果我现在也"看见"(kai

---

① ［译注］《海伦》中译本参见张竹明译,收于《古希腊悲剧喜剧全集》,张竹明、王焕生译,第 3 卷,南京:译林出版社,2007。

nous horâi） 了你的话。（《海伦》，行 121 – 122）①

我们在这两段开场戏中看到的这两个关键词和（我认为的）智术师的教诲，均以某种新方式在第一场戏中重现。名称的问题出现在墨涅拉俄斯初见海伦那场戏的开场白中，我们打那里得知，这位英雄漫不经心地先反驳了普罗狄科，他还说服自己（行 497 及下），除了他的海伦，还有"另一个"身居埃及王宫的当地海伦（虽然同名）。在这段发言后面，墨涅拉俄斯变得更加传统，他宣称，无人不晓他身为特洛亚著名征服者的名号：

> 因为，不会有人这么狠心，
> [79] 听到我的名字不肯给吃的。
> 特洛亚的大火赫赫有名，是我墨涅拉俄斯
> 把它烧了，到哪儿都知道。（《海伦》，行 501 – 504）

在海伦与墨涅拉俄斯"相认失败"的那场戏中，我们发现了和透克洛斯那场戏一样对视觉与错觉语词的强调。墨涅拉俄斯初见海伦时惊呼，

> ……你是谁，夫人啊，我看见了谁的脸？ -(tin' opsin sn，gunai，prosderchomai；行 557)

---

① 我不同意 Reiske 对 kai nous horâi 的否定，Dale 也认为这个表述不可能出现在这个语境中。我认为，这个短语至少与剧作家对智术师对感官认知的看法的处理有关，我们已经在这些段落中讨论过这个问题（无疑更切合这里，而非有些评论家认为的此处化用了 Eicharmus 的诗［参见 Dale 对这行诗的笺注]）。由于智术师们认为，感官认知（尤其是视觉）是现实的唯一来源，因此，一度像智术师那样言说的透克洛斯（我们对行 497 – 499 的评论，墨涅拉俄斯也像智术师一样言说）宣称，他相信亲眼见到了特洛亚的"海伦"，"心智目睹了"，没有什么不妥。

片刻之后，墨涅拉俄斯（普罗塔戈拉可能也会）怀疑，倘若他的感官出了问题，那么他的理智必定也有毛病（ou pou phronô men eu, to d'omma mou nosei；"我的理智出了问题，是因为我的眼睛有毛病了么？"行575）。现在迫不及待想让人认出的海伦坚称："除了你的双眼，什么能告诉你呢？"（行580）而在不久前，当透克洛斯声称在特洛亚"亲眼"见过海伦时（行118和行122），她还提醒透克洛斯不要相信这种迹象（行119和行121）。在驳斥海伦的话时，恼怒的墨涅拉俄斯耍了个智术师式的花招（"行动胜于言辞!"）：

> 我在那里［亦即特洛亚］吃的很多苦（ponoi）让我相信；
> 你却不能!"（行593）

我们在这场戏中看到的两个语词（智术师式的?）对立，再次出现在信使的发言中（语境略有不同），这段发言结束了相认这场戏。在描述他要讲述的"令人震惊之事"（thaumasta）时，信使宣称，这名称（onoma）没有事实（pragma）本身那么令人惊奇。[①] 讲完故事后，信使还在最后提醒我们注意墨涅拉俄斯对海伦的定论。墨涅拉俄斯把海伦遭人唾骂吃过的苦头比作他本人手持矛枪出生入死（行717）。

然而，指称误导人的感官认知和对立术语的那些语词（比如 onoma［名］和 pragma［实］及诸如此类的语词），并非［80］此剧含混性和错觉的唯一来源。Logos（"言辞、言说、报告"），logos 的同源词及间或出现的同义表述，同样一再出现在全剧中。

---

① 关于《海伦》中的这种智术师式的对比，see F. Solmsen, "Onoma and Pragma in Euripides' *Helen*," *CR* 48（1934），pp. 119 – 121. Cf. also John Griffith, "Some Thoughts on *Helena*," *JHS* 73（1953），pp. 36 – 41。

在《海伦》前半部分，logos 及其同义词尤与信仰和神话相关，对于这些信仰和神话的真实性，言说者多少心存疑虑。典型的例子出现在海伦对涉及她神话观念的故事的怀疑说法中："有故事称"（estin de……logos tis，行 17 及下），以及"这个传说要是真的"（ei saphês houtos logos，行 21）。一个类似的表述出现在海伦对她生于蛋壳的离奇身世的讲述中："他们这么说"（phasin）。① 我们还看到，墨涅拉俄斯对比他在特洛亚出生入死时，也对海伦幻影故事的真伪心存疑虑。透克洛斯在使用表示"故事"或"言辞"的语词时，也不时怀疑其真实性（但他无疑总是对的!）：一次涉及海伦提醒透克洛斯，他在特洛亚所见可能不过是幻象（"想想其他故事［logou]!"行 120）。另一次是透克洛斯提到关于海伦兄弟的两则消息（dou logô，行 138），他明确认为只有一则消息可信。

在《海伦》后半部分，通过让海伦和墨涅拉俄斯诓骗忒奥科律墨诺斯，赤裸裸的欺骗取代了关于虚假感官认知的幻象。在某种意义上，墨涅拉俄斯传言中溺亡的尸身对应了海伦的魂影。如今，在这个关于欺骗的新语境中，"演说辞"取代了表示"看见"（及类似含义）的语词，譬如 dokei、dokêsis。在该语境中确实很难完全避开这类语词。但我们同样难以相信，这些语词在某些特定段落里重复使用，不是为了引人注意那些言辞就旨在欺骗和歪曲。[81] 比如，我们看一下海伦说服墨涅拉俄斯跟她一起欺骗忒奥克吕墨涅斯的大胆计划：

> 你愿意没有死被人说成死了吗？（boulei legesthai me thanôn

---

① 在这点上，参见 Dale 对行 16 及下的笺注，在那里她发现，海伦的怀疑"很奇怪，丝毫没有令人不安"。这无疑不是欧里庇得斯笔下的情形，也肯定不是此剧中的情形。

logôi thanein；《海伦》，行 1050）

对此，墨涅拉俄斯答称：

> ……如果这么说
> 对我有帮助，我情愿没死被说成死了（me thanôn logôi tha-
> nein）。（《海伦》，行 1051 – 1052）

在这里，墨涅拉俄斯的回答几乎一字不差再现了 legesthai…logi
的拖沓（希腊语发音比翻译能更有效传达这点），这种拖沓有助于
凸显言辞（logos）的欺骗功能。①

因此，在《海伦》前半部分，我们不仅看到，海伦怀疑那些关
于其看法和身世的故事，还看到海伦艰难地试图通过言辞向透克洛
斯和墨涅拉俄斯解释由魂影带来的各种错觉。在这个例子里，就是
解释错觉与真实的区别。另一方面，在逃跑的巧计（mêchanêma）
中，我们看到，海伦（和受指使的墨涅劳斯）用言辞说服并诓骗式
奥科律墨诺斯。我们兴许还记得，高尔吉亚在不同语境中表达了两
种截然不同的言辞（logoi）观：首先，言辞不能传达真实（D – K
82 B3，84），其次，成功使用语词进行欺骗性劝谕（D – K 82 B11，
《海伦颂》），尤其是 section 8：

> 如果说正是言辞（logos）说服了她［海伦］，欺骗了她的
> 灵魂，那么，要为她辩护，［82］为她洗脱罪责，就不困难。
> 言辞是一种强有力的力量，能通过最细微，最不易察觉的方式
> 取得最惊人的效果……

---

① 行 1050 及下的文本遭到质疑，我认为这种怀疑没道理，因为"没有
吸引力"：参见 Dale 对这段戏文的笺释及她在那里提到的文献。

认为在《海伦》的两个"系列行动"中，欧里庇得斯是在分别反映高尔吉亚对 logos 的这两种看法，这种观点会不会太过牵强？

不过，在结束我们对《海伦》的讨论前，我们还是简单回顾一下欧里庇得斯在剧中处理智术师主题的（我认为的）要害。"表象与真实"主题奇怪的妙语（jeu d'esprit），虽在剧本前半部分最为突出，却预告了整部剧作。这是否暗含着某种悲剧性意义呢？果真如此，我认为，这种意义已由第一合唱歌（行 1107 – 1164）传达出来（虽然还是含糊其辞），这段合唱歌出现在海伦谋划出逃计划与成功实施这个计划之间。

这首合唱歌用充满悲悼和哲学意味的曲调，反思了雅典人和希腊人在特洛亚战争中似乎无谓的苦难。在第一唱段中，歌队毫不客气地挑明了导致这些苦难的肇因（帕里斯引诱海伦）：

> ……自从帕里斯划着外邦人的桨
> 走过波涛的海面，
> 海伦啊，带着你，这不幸的新娘，
> 离开拉刻岱蒙来到普里阿摩斯家中，
> 由阿弗洛狄特引路，做了不幸的新郎。[①]　（《海伦》，行 1117 – 1121）

无疑，此处毫无魂影或错觉的征兆。

然而在随后的第二唱段中（行 1132 – 1136），歌队用截然不同

---

① A. S. Way, *Euripides, with an English Translation I* (London and New York, 1920). 他在行 1119 – 1120 的译文上加上了"似乎"（it seemeth）。更令人惊奇的是，在对行 1104 – 1164 进行的笺注中，A. M. Dale 认为，此处对海伦的提及，指的是魂影而非真实的海伦。但希腊语中并没有迹象表明这点。［译注］中译采用了张竹明先生译文。

的方式描述了墨涅拉俄斯对海伦的营救（墨涅拉俄斯遭遇了风暴［esuto］，行1133；［83］见 Dale 的笺注）。而今，海伦"不再是奖品，而是冲突的根源"（geras ou geras，all'erin，行1134），她还被称为"赫拉造下的庄严（抑或可恨？）形象"（eidôlon hieron Hêras，行1136）。

在这首合唱歌的第一节中，关于海伦受辱的两个说法（第一个说法是真的，第二个是假的）的所有意图，在最后一节中得以揭示（行1151-1164）。在这里，歌队痛斥那些想要通过充满血腥的竞技终结人类战争的人（ponous thnatôn，行1153-1154）。因为这样一来，"纷争（eris，行1156）永远不会离开人类的城邦"（行1156-1157）。现在，歌队断言，正是"因海伦而起的纷争"，不仅导致了特洛亚的毁灭，也导致无数希腊人为此丧命（见行1158-1164）。

在最后这段话中，我们尤其要注意这一句，"因你而起的纷争，海伦啊"（san erin，O Helena，行1160）。eris［纷争］还出现在行1156及首节的行1134。在那里，该词被用作赫拉所造魂影的同义词（eidôlon hieron Hêras，行1136）。在此剧的戏剧行动中，特洛亚战争的起源被说成是诸神带来的一场幻象。现在，在这首合唱歌的最后一节唱段中，欧里庇得斯一度让这种幻象象征（诗人所认为的）战争肇因的一切幻象。

第五章　礼法与相关思想

智术师论礼法与自然

[84] 智术师思想最为出名的一大特征，是关注礼法（nomos）及与之相关的各种思想和讨论。当然，这也不足为奇：智术师的职业活动，大多涉及教育青年如何成为好的和成功的邦民。正是在这种教育背景下，智术师发展出他们关于文明社会起源的各种理论和神话故事。礼法的引入，无疑是这些理论的一大关键特征。我们关于这点的直接证据极为有限（关于所有智术师的教海也一样），必须不时借助柏拉图对话中的确凿证据。

格斯里出色地描述了"智术师、史家和彼时的演说家（以及……这种新思想的另一位代言人：悲剧诗人欧里庇得斯）"关于 nomos 的两种用法：

（i）基于传统信仰的习惯或习俗，以判定何为对或正确
（ii）正式制定并流传下来的法律，编成"正确习惯法"的法典，并将之提升为一种受城邦权威支持的强制性规则。第一种是更早的用法，却从未消失，[85] 因此对于希腊人而言，无

论当局如何推行成文立法，他们依然要仰赖习俗或习惯。①

我们先考察智术师关于法律起源的一两种看法（或者至少是理论）。

在早前引自（见上文，导论，页 20）克利提阿斯的一段话里（D–K 88 B25），我们已经看到了这种观点，"某位智者发现，对诸神的畏惧"能作为让人遵守法律的手段，就算他们没有目击者。同一段话很清楚地表明，人类制定法律是一种手段，借此把人类从暴力横行的野蛮生活中解救出来。柏拉图把一个类似（但更富"哲学意味"）的描述（二者的区别很有意思）归在了普罗塔戈拉名下（在他讲述的"普罗米修斯神话"里，《普罗塔戈拉》，行 320c – 322d）。据普罗塔戈拉描述，尽管人类因普罗米修斯偷盗天火和实践技艺掌握了基本的生存方法，共同体之间却依然无法和平共处，直到宙斯派赫尔墨斯带来 aidôs［敬畏］和 dikê［正义］这两件礼物。宙斯还教导赫尔墨斯立法（nomos）：凡不能获得这些德性的人都应处以极刑。

如果说在普罗米修斯的神话里法律由诸神制定，那么显然，在智术师的这两个版本里，法律才被视为文明或共同体存在的基础。我们会看到，对法律的这种强调，以及认为宗教信仰（可能涉及也可能不涉及）相对次要，与欧里庇得斯悲剧对如下事务的处理有关：各城邦之间的文明关系，或者神话时期城邦各部族的先驱。（史上普罗塔戈拉的教诲先于克利提阿斯的著作，这并不妨碍我们的讨论。克利提阿斯［86］和柏拉图关于普罗塔戈拉教诲的说法，可能都体现了智术师对"法律"和"礼法"的看法，这才是我们探

---

① Guthrie（1971），pp. 56 – 57（Guthrie 第四章对"礼法 – 自然对立"的整个讨论，对我们眼下的研究最有帮助）。

讨欧里庇得斯对这些思想的戏剧性运用要关注的东西。实际上，引自克利提阿斯的那段话与柏拉图《普罗塔戈拉》中的片段相似这一要素至少有助于证明，柏拉图笔下的普罗塔戈拉借助神话故事表达的那种观点，具有一定的历史可信度。）

智术师关于"法律"和"礼法"讨论的另一个重要方面，牵涉到对 nomos 与 phusis 这组对立观点的区分：phusis 意为"外部实在""事物存在的方式"；nomos 则意为习俗或立法强加的诸种限制和规定等等。当然，这种区分并不新鲜。但到了公元前 5 世纪中期，由于这种对立影响了人类的行为和态度，哲人们开始强调这种对立。最早明确在这种语境中谈及该问题的是阿刻劳斯（Achelaos，公元前 5 世纪中期的科学思想家，他的伦理思想鲜为人知）的一小段残篇：

> 羞耻并非"天生"（phusêi），而是"源于礼法"（nomôi）。（60a1）

对自然与礼法的更笼统区分，出现在一段（不确定）归在希珀克拉底（Hippocrates）名下的残篇里：

> 自然与礼法（nomos kai phusis）和而不同。（Hippocrates D – K 42 C1）

为此，这段残篇稍后还提到：

> 人类制定了礼法（nomous），诸神却安排了万物的自然（phusin）。

在归于智术师名下的各种观点中，我们在苏格拉底归于卡里克勒斯的著名宣称（柏拉图《高尔吉亚》）中，发现了分别归于自然与礼法价值的更鲜明对比：

> 自然正确优于我们的礼法。(《高尔吉亚》482c4 及下)

我们不妨将之与《王制》中忒拉叙马科斯（Thrasymachus）的相似声称进行对比：[87]"正义即强者的统治"（《王制》，卷一，336 及下），虽然此处并未提及礼法（nomos）和自然（phusis）这些字眼。（当然，我们要记住，柏拉图对话一以贯之的情况是，为了推进其论证［或者更可能是柏拉图自己］的辩证法进程，苏格拉底很可能让智术师持有这些观点［尤其是激进观点］；在别的地方，据称，忒拉叙马科斯曾写道，正义是最重要的人类事务［D – K 85 B8］，这种看法与《王制》卷一归在他名下的观点互生龃龉。)①

在智术师对自然/礼法论证更多可考的看法中，安提丰的残篇提供了绝佳（虽然有时颇令人费解）的例子（下文引述的安提丰的若干片段［D – K 8 B44］，已在另一个语境［关于智术师对德性相对性的看法］中进行了探讨）（见前文，第二章，页 43 – 44）。

安提丰落笔（87 B44）平淡无奇：

> 正义在于邦民不违反城邦法。

但他随后宣称，一个人在有目击者时遵循正义于己最有利，但无目击者时就应顺受自然（ta tês phuseôs），

---

① 在讨论中，很多人把《王制》卷一"忒拉叙马科斯"的身份问题与上文援引的那两段话（以及《王制》336 及下和 D – K 85 B8）联系在一起；见 Kerferd 和 J. P. Maguire 的论文，reprinted in Classen（1976），pp. 545 – 563 and pp. 564 – 590。无论如何，自然权利的理论——无论忒拉叙马科斯本人认同与否（Kerferd 认为）——无疑引发了智术师的争论，这点才与我们的目的密切相关。

> 因为法律的命令是强制的（epitheta），而自然的命令是必然的（anagkaia）。

紧接着，安提丰对比了对法律的违犯与对自然的违犯，他发现，不管有没有人瞧见，违反自然都是罪恶，

> 因为一个人受到伤害，不是因为人们的观点，而是因为事实（ou gar dia doxan blaptetai，alla di' alêtheian）。

安提丰支持自然的观点似乎在这一宣称中臻至顶峰：很多在礼法看来（tôn kata nomôn dikaiôn）的正义之物，与自然针锋相对（polemious têi phusêi）。安提丰（在进行了一段与我们的目的无关的复杂论证后）断言：

> 源自礼法的好处，[88] 是自然的枷锁。

由此可见（因为他已表明，违反自然比违反礼法更严重），较之那些关于礼法的观点，安提丰更赞同关于自然的观点，这点似乎（至少在这段残篇中）已经体现得一目了然。

安提丰在我们刚总结的那段残篇中的观点，是我们在智术师传统中看到的对自然所做的最强有力（也最实用！）的"伦理学"辩护。当然，如柯福德（Kerferd）所言，很可能，安提丰在此提出了一个他打算驳斥的观点，但这话无疑也能用来描述诸多残缺（因此不全）的前苏格拉底的传统观点。总体而言，更可行的做法似乎是，在字面意思上接受安提丰是在表达他自己的观点，虽然他可能为了论证的目的极端地进行了表述。格斯里认为，

> 给人的总体感受是……一个作家决心要揭示流行道德观念

的不足。①

　　我们要考察的最后一个智术师片段，出自佚名伊安布里基（Iamblichi），我们可能只能姑且初步将之称作智术师残篇。据信，这段残篇的作者是公元前 5 世纪末或公元前 4 世纪初的佚名作家，他很可能受普罗塔戈拉影响。② 涉及自然/礼法问题的那段话尤其有意思，因为在我们已经探讨过的片段中，只有这段话表明了这两个观念的本质关联，它们在别的地方被认为两相对立。这段话如下：

　　　　倘若人类获得这种自然：他们不能单独生存，而是迫于必然性的压力与他人建立某种关系……生活在一起就不能不守法……因此，我们可以断言，由于这些必然性，法律（Law）和正义（Justice）是［89］人类的君王，这点也决不会改变，因为他们天然（by nature）紧密联系在一起（phusêi gar ischura endedesthai tauta）。③（*Anon. Iamblichi*：D－K 89.6.1，节选；Reestor 译文）

欧里庇得斯政治剧中的礼法及相关语词

　　在欧里庇得斯《赫卡柏》的一段戏文里（我在讨论欧里庇得斯笔

---

　　① Guthrie（1971），pp. 112 ff；关于 Guthrie 的观点，前文已引述，参见 Kerferd（1981），pp. 115 ff. 我认为，Untersteiner 的观点没有说服力（Untersteiner［1954］，p. 245），他认为，安提丰旨在"通过把礼法还原为'普世经验'，将之变成自然"。

　　② Guthrie 这么认为，尤其是关于佚名作家为了保存共同体生活而为法律辩护（Guthrie［1971］，p. 72）。Cf. also Guthrie 的进一步讨论（pp. 314－315）。Cf. also Margaret Reesor 为她的 *Anonymus Iamblichi* 译本所写的前言，收于 *The Older Sophists*，ed. Rosamund K. Srague（Columbus 1972），p. 271。

　　③ Reesor in Sprague（1972），as in n. 6 above.

下的智术师对诸神的看法时已援引）（参见前文，导论，页22），赫卡柏不仅认为，由于礼法，人们才信仰诸神，她还认为，礼法即"何为正义与何为不义"。在这段话中（《赫卡柏》，行799－801），对礼法（nomos）的描述出现在被俘的特洛亚王后让阿伽门农帮她报复珀吕墨斯托耳的祈求中，因为珀吕墨斯托耳残害珀吕多洛斯，违犯了好客的礼法。"请你尊重我！"（aidesthêti me，行806）赫卡柏的呼求让人想起虔敬（aidôs）德性，我们已经看到，柏拉图笔下的普罗塔戈拉就把虔敬德性描述（《普罗塔戈拉》322c及下）成共同体内部文明关系的基础。

尽管《赫卡柏》既未展开礼法的主题，也未谈及相关的虔敬（aidôs）和正义（dikê）德性，但在欧里庇得斯最富政治意味的两部剧《乞援女》（Supplices）和《赫拉克勒斯的儿女》（Heraclidae）中，这些问题举足轻重。这两部剧均涉乞援主题；在两剧中，雅典都卷入以弱敌强的胜利中。不过，如果说《乞援女》把礼法理想化为文明城邦共存的核心观念，《赫拉克勒斯的儿女》则更关心弱者对抗强敌时的虔敬和正义德性（换言之，文明的正义对抗关于"自然正义"的宣称，也就是柏拉图对话中的忒拉叙马科斯和卡里克勒斯［90］及安提丰［虽然从更复杂的层面］界定的那种正义）。

我们不妨先简单看一下《赫拉克勒斯的儿女》对这些相关主题的处理。虽然《赫拉克勒斯的儿女》没有像《乞援女》那样雄心勃勃地专致于对礼法进行理想化描述，此剧却可能更生动地描述了个人和城邦在历经命运沉浮后心态的改变（我们会发现，这些心态的改变由智术师的观点传达）。

在《赫拉克勒斯的儿女》开场白（行1－5）中，伊俄拉俄斯（Iolaos）宣称：

> 我老早就有这样的想法：
> 正义之人（ho... dikaios）为他的朋友和伙伴而活，

一心贪图私利（kerdos）的人——

对城邦（polei）无益，难打交道，

他们对自己最好：我见识过这种人。（《赫拉克勒斯的儿女》，行 1 – 5）

拉夫尔（David Lupher）恰如其分地指出，

这种总体思考……奠定了即将主导此剧的思想氛围和情感氛围……①

正义与私利（kerdos）将成为《赫拉克勒斯的儿女》戏剧行动围绕的两个极端。出于正义感和对家族的敬意，伊俄拉俄斯（他在接下来的几行诗中告诉我们）前来帮助赫拉克勒斯的儿女，他们被阿尔戈斯国王欧律忒乌斯（Argive King Eurystheus）残忍追杀。伊俄拉俄斯的对手，阿尔戈斯传令官刻普柔斯（Argive Herald Kopreus）将竭力（我们会看到）说服雅典人谋求自利，与强者联手对抗弱者，把赫拉克勒斯的儿女交给阿尔戈斯人。

与阿尔戈斯传令官针锋相对的歌队，也以正义之名（dika，行 104）和对乞援人的敬意（hiktêras aideisthai，行 101），宣布支持赫拉克勒斯的儿女。[91] 然而，在对得摩丰（Demophon）所说的第一段话中，刻普柔斯也诉诸了正义（行 143）和礼法（nomos，行 141），他的根据是，阿尔戈斯人有权执行他们的法律。刻普柔斯的观点随后遭到伊俄拉俄斯驳斥（行 185 – 188）。

但此时此刻，这位凶残的传令官已然放弃了这个观点，转向了他更典型的观点：他许诺，雅典要是支持强者而非弱者，就会得到利益

---

① David Lupher, *Persuasion and Politics in Euripides* (Stanford University Dissertation, 1979), p. 30.

或好处（"哪个对你有利？"［ti herdaneis；］他问雅典国王，行154）。反讽的是，在此剧错综复杂的结尾处，这个基于利益（kerdo）的观点遭遇了反转。当阿尔戈斯国王败北被雅典人擒获时，阿尔克墨涅（Alcmene）——她是赫拉克勒斯的儿女们的母亲——一心想复仇，说服雅典人让她手刃欧律斯忒乌斯，但雅典人至少让她承诺，她会归还欧律斯忒乌斯的尸体，好让他能在雅典入土为安。在临终之言中，欧律斯忒乌斯也向雅典人许诺了一个回报（kerdos，行1043）：他的尸骨会保佑雅典人免遭赫拉克勒斯后代（亦即下一代斯巴达人）攻击。①

另一个用法含混的伦理学概念"恩惠"（favour）或"责任"（obligation），也在这部表现变化的忠诚（shifting loyalties）的剧中发挥着作用。在阿尔戈斯传令官的武力威胁之下，伊俄拉俄斯在首次祈求庇护时提醒国王得摩丰，赫拉克勒斯有恩于他：撇开得摩丰与赫拉克勒斯儿女的关系，赫拉克勒斯本人还曾从冥府带回了忒修斯（得摩丰的父亲）：

> 他还曾从冥府黑暗的地牢里救出
> 你的父亲：全希腊都可以作证。
> 因此作为回报，他们向你请求一个恩典：
> 别把她没交出去，也别强行把他们拖出
> 你们的神坛，把他们驱逐出境。（《赫拉克勒斯的儿女》，
> 行218－222）

［92］在这段话中，我们要注意 apaitousin... antidounai... charin［请求回报……恩典……回报］这些语词，这些语词凸显了伊俄拉俄

---

① 关于欧律斯透斯在行1043及下稍显含混的表述 diploun kerdo（"双重回报"），参见 Pearson 对这段话的笺释（A. C. Pearson, ed., *Euripides*, *The Heracleidae*（［Cambridge］, 1907）。

斯吁请中所含的希腊人特有的互惠原则。获得国王得摩丰庇护后，伊俄拉俄斯接着反过来提醒赫拉克勒斯的儿女，他们现在欠雅典人情，因此他们必须记住，永远不要把矛头指向雅典。然而在剧末，伊俄拉俄斯再次反讽地提醒赫拉克勒斯儿女许下的承诺，还反讽地把承诺的报答换成了获得的报答。而今，败北的欧律斯透斯（曾与雅典人为敌）把预言中赫拉克勒斯后人的进攻，描述为他们背弃了雅典人施与的恩情（charin，行 1036）。相反，欧律斯透斯本人承诺，他会庇护（我们已看到）雅典人，以报答他们让其入土为安。

从欧里庇得斯对这些相关语词与观点的简要强调也能清楚看出，智术师热议的若干政治观点和伦理观点，皆与此剧的主题密切相关。aidôs［羞耻］和 dikê［正义］等语词一再出现在自称文明行为（事实上，dikê 被用来反驳同一个观点）的语境里。我们已经看到，根据柏拉图笔下的普罗塔戈拉，这两种德性都将作为文明社会持存的必要手段受到法律保护。拉夫尔认为，

> 就是在此剧的开场白中，我们最先发现了普罗塔戈拉的论调。（Lupher［1979］，p. 12）

因此，此剧呈现的冲突：弱小乞援者的宣称与强大对手的宣称，让我们想起智术师关于自然与礼法宣称的相似争论。在他辛酸地讲述其他民族［93］把他们抛给强者（行 23 - 25），关键是在他颂扬雅典人时，伊俄拉俄斯提出了这点：

> ……他们替我们承受了阿尔戈斯这样
> 一个大国和佩拉斯戈斯人的敌意，
> 他们瞧我们是无家可归的乞丐，
> 却没把我们交出去，也没把我们逐出境。（《赫拉克勒斯的

儿女》，行316－319)

相反，刻普柔斯（行150及下，行154及下）指出了雅典加入强者（阿尔戈斯）阵营将获得的好处，由此明白无误地将自己与安提丰及柏拉图笔下的卡里克勒斯和忒拉叙马科斯的观点关联在了一起：自然（phusis）的好处大过礼法（nomos）的好处。

就《赫拉克勒斯的儿女》中的乞援主题而言，此剧无疑把雅典呈现为乞援者的保护者及以弱敌强的胜出者。但阿尔克墨涅（赫拉克勒斯儿女的母亲）对雅典人的俘虏欧律斯透斯不依不饶的态度，当然还有赫拉克勒斯的子孙后来对雅典的进攻（在欧律斯透斯宣告的预言中透露），暗中颠覆了伊俄拉俄斯先前保证的永世不忘雅典的恩德。在《赫拉克勒斯的儿女》的戏剧行动中，无论遵守决定血缘关系和人情债的传统不成文法，甚或朋友的持久友谊或敌人的敌对，皆理所当然。因此，无论对传统价值和确然之事的摧毁，还是对暗示智术师言辞（更反复无常的那些方面）飘忽不定的态度和观点的呈现上，此剧兴许都可称为欧里庇得斯最富智术师意味的剧作之一。（我要补充一点，尽管［或者正因］此剧的［94］这些智性部分很有趣，但我觉得，《赫拉克勒斯的儿女》并非一部成功的悲剧。）

欧里庇得斯涉及乞援主题的另一部剧作（准确地说是《乞援女》）完全没有这么复杂。但可以说，《乞援女》也（虽然以某种更正面的基调）宣扬了一个智术师主题：理想化地呈现礼法。诚如我在本章开头所言，这是智术师思想和教诲更积极一面的核心观念。

在《乞援女》中，阿尔戈斯国王阿德拉斯托斯（Adrastus）祈求雅典国王忒修斯，让他代表战死的阿尔戈斯英雄的母亲们劝说忒拜人（必要时动武）允许其掩埋儿子的尸骨。首先，在两个截然不同的语境中——在忒修斯起初拒绝阿德拉斯托斯的那段发言中，及他后来接受这些乞援人的祈求时，此剧（比欧里庇得斯的任何其他

剧作都更明确地）阐明了"良序社会"（the well - ordered society）
及必须在整个希腊世界用法律手段将之保存下来的主题。

埃特拉（Aithra）开场白对眼下态势的描述，首先挑明了礼法的
主题。埃特拉声称，忒拜人拒绝掩埋被杀将士的尸骨，这种行为"违
背了诸神的礼法"（nomin' atizontes theôn，行19）。歌队的吁请也重申
了这点（行378），"以免他们污染凡人的法律（nomous）"。但是，直
到忒修斯一开始拒绝阿德拉斯托斯（代表乞援的母亲们）的祈求后，
剧本才进一步展开这个主题。忒修斯的拒绝采用了一种奇特的描述方
式，他讲到，人类能过上这种"良序生活"，多亏了某位（未具名的）
神的恩典，但阿德拉斯托斯让自己的命运与受诅咒的家族关联在一
起，从而断送了共同体的良序生活。[1] 正因阿德拉斯托斯藐视神赐的
[95]"好生活"，尤其是他蔑视神赐的占卜术——占卜提醒他不要采取
冒险行动（行211及下，比较行155及下），忒修斯才拒绝了他的请求。

忒修斯对良序生活（行195及下）（阿德拉斯托斯不明智地背弃
了这种生活）的描述，类似（至少在大多数特征上）关于文明社会起
源的进化论描述，这种描述在智术师时期乃至更早就已司空见惯。[2]

---

① 关于忒修斯对阿德拉斯托斯灾难性决定的批评，see Conacher（1967），
pp. 99 ff。

② 关于这个要点，see C. Collard，*Euripides' Supplices* II（Gorningen 1975）
对201 - 203 的笺释。我还发现，Collard 对这段话某些难以索解的文本难点的
详注，对我下文翻译《乞援女》行195 - 213 很有帮助。关于这些早期"进化
论"描述及欧里庇得斯的同时代人，参见拙著，*Aeschylus*，*Prometheus Bound*，
A Literary Commentary（Toronto 1980），ch. 4，及那里列出的参考文献，尤其是
所列的 E. R. Dodds，*The Ancient Concept of Progress*（Oxford，1973），以及 Thom-
as Cole，*The Sources of Greek Anthropology*（A. P. A. monograph，no. 25，1967）。
我们还要注意 Heinimann 就普罗塔戈拉、柏拉图和欧里庇得斯对文明人类进程
描述所作的有趣对比：（Heinimann 注意到）普罗塔戈拉从一开始就对比了人类
与动物（See Felix Heinimann，*Nomos und Phusis*［Basel，1965］，pp. 148 - 149）。

> 我时常和别人争论这样的
>
> 问题。有人说，人世间
>
> 坏事要比好事多；
>
> 与此相反，我认为，人世间
>
> 好事要多过坏事；因为
>
> 要不然，我们就不在这个世上了。
>
> 我赞美那位神祇，他把我们的生活安排
>
> 得秩序井然，使我们摆脱了混沌和野蛮，
>
> 首先植入了理智，其次给了舌头，
>
> 用来说话，好彼此了解；
>
> 又给果实作食物，从天上降下雨水
>
> 浇灌大地的肚皮，滋养地下长出之物
>
> 结出果实；又给房屋，
>
> 遮挡冬天的暴风雨，荫蔽日神的酷热，
>
> 给船舶航海，让我们可以
>
> 和别人交换各地缺少的货物。
>
> 关于那些不明白的没把握的事情，
>
> 有占卜者看焚献的火焰看牺牲

肝脏的折叠或依据鸟类的行为预先告知我们。（《乞援女》，行 195–213）①

（正是阿德拉斯托斯无视拥护德尔菲预言的占卜才能［行 214 及下］，[96] 他才格外受到忒修斯抨击。）

忒修斯的这部分发言有几个奇怪的特征。首先是这段话与忒修

---

① ［译注］《乞援女》中译本参见张竹明译，收于《古希腊悲剧喜剧全集》，张竹明、王焕生译，第 4 卷，南京：译林出版社，2007。

斯拒绝阿德拉斯托斯之间成问题的关联。其次，这段话缺少这类进化论描述的一些典型特征，譬如这段话没有强调，逐步满足人类的需求，能连接起对生活的一系列改善与对人类才智的相应强调。最重要的一点可能是，我们没有看到这种文明进程预期中的顶峰，城邦公共生活的达成（借助礼法和相关德性）。诚如有人指出，忒修斯起初对乞援人的拒绝，可能只是情节中的一个阶段（某种必要的"复杂化"）。因此，也有人认为，对"良序社会"主题的部分阐发，需待至忒修斯后来接受乞援人的请求，并给出他接受的理由。①

正是埃特拉对儿子忒修斯的一番劝告（行 300 及下），才让忒修斯二度回应阿德拉斯托斯的祈求。埃特拉开始就坚定地提醒忒修斯，切勿忽视神意（ta tôn theôn，行 301），勇敢地代表那些受不公正待遇的人是职责所在。埃特拉意味深长地补充说，制止那些正在破坏全希腊公认惯例的人（不让逝者入土为安），会给忒修斯带来荣耀（nomima...pasês...Hellados，行 311）。埃特拉进而断言，正是时刻遵守法律（hotan tis tous nomous sôizêi kalôs，行 313）才让诸邦团结在一起。科拉德已清楚地指出：

> 而今，掩埋死者的义务，［在剧中］首次作为泛希腊法出现……在他屈从于埃特拉之后，忒修斯也采用了这个观点：行 526，行 621……行 538。②

因此，埃特拉［97］一开口就提醒忒修斯不要无视神意，但她

---

① 关于这点和下面这点，参见 Collard 在笺释《乞援女》行 201 – 213 和行 286 – 384 时的洞见。

② 参见 Collard（1975）对 308 – 312a 的笺释。亦参这个精彩笺注的余下部分，以及他对相关戏文的注解（均与眼下的讨论相关）。Cf. also Burian（1985），pp. 134 – 135.

马上转而强调政治和社会益处。而在对阿德拉斯托斯发言时，忒修斯先是沉浸于一段对"好的生活"的描述（让人想起智术师的人本主义），临了却指责阿尔戈斯国王藐视神的礼物。兴许，这种悖谬反映了我们已经在智术师关于如下事物的观点中的含混：在建立和保存文明社会时，诸神还是礼法优先，或者实际上，谁是谁的基础。无论何种情形，显而易见，这两个因素都相当明晰地呈现在此剧迄今展开的戏剧情境中。

忒修斯在行334及下的发言之所以接受母亲的劝告，乃是基于他对名声和正义的同等（典型的雅典式）考量：

> 逃避危险不合我的人生态度。
> 我做过好多事，她们向希腊人表明了
> 我的习惯：永远惩罚罪恶。（《乞援女》，行339–341）

随着（僭政代言人）忒拜传令官到来，及其随后与忒修斯的论辩，礼法先（由忒修斯）在城邦内部，尔后在邦际政治的语境里得到颂扬。在驳斥传令官宣扬的一人执政的好处时，忒修斯提出了民主制成文法给民众带来的好处：

> 首先就没有公共的
> 法律（ouk eisi nomoi/koinoi），他一个人统治着，把法律掌握在
> 自己手里，于是平等不复存在。
> [98] 法律一旦成文（gegrammenôn de tôn nomôn），穷人和富人便有了同等的权利。（《乞援女》，行430–434）

在这里（和别处一样），礼法显得与正义紧密相关；譬如见行437："弱小若有理可以战胜强者"，此处的 dikaia echôn［有理］几

乎就等于宣称，"当法律站在他那一方"。

礼法与正义的这种关联重现于一个邦际语境中：忒修斯最后向忒拜传令官坚称，他有权把阿尔戈斯人的尸骨还给他们悲痛的母亲掩埋：

> 只是按理（dikaiô）要求掩埋
> 死者的尸体，维护全希腊的礼法。（《乞援女》，行526–527）

在行538（pasês Hellados koinon tode）及最后忒修斯掷地有声的宣称（行561–563）中，这个观点再次出现：

> 因为，不能让这样的话有一天在希腊传开：
> 神立的古老礼法（nomos palaios dainonôn）到我的手里
> 和潘狄翁的城邦给毁灭了。

我们现在明白了，在忒修斯先前对好的生活的"进化论"描述中，剧作家为何略去了礼法（和城邦）。欧里庇得斯提及公共生活的这种巅峰和必要成就（我们在《普罗塔戈拉》中看到了这点），是为了让雅典宣称，它不仅旨在捍卫城邦，也旨在捍卫整个文明希腊共同体。

我们从忒修斯和埃特拉的发言中看到，他们在谈及"好的生活"及其维护时，时而使用世俗语言，时而使用宗教用语（或者至少是神话用语）。如今，这种智术师式的含混（我们姑且这么形容），随后在（一分为二的）歌队的抑扬格唱段中得以延续。[99] 一半歌队成员乐观地信奉为人类分配祸福际遇的诸神（行614–617）。在此处谈及诸神"公正分配"的语境里，我们要注意行612和行617的nemousi［掌握］（与nomos词根相同）。另半个悲观的歌队似乎对正义的诸神（dikaious daimonous，行610，行612）存疑。

因此，（扼要重述）欧里庇得斯在《乞援女》中对智术师观点所作的主要戏剧性呈现就是，忒修斯言辞中强调了文明社会的进化，也强调了用礼法保存这种社会的必要性（此处将这种观点延伸至对整个希腊共同体的保存，可能是欧里庇得斯的构想）；始终萦绕在对礼法权威性"世俗"观点和"神圣"观点上的含混；以及最后，首选这种观点为乞援者辩护，我们看到，这在《赫拉克勒斯的儿女》中引人瞩目，这个观点充当了连接传统诸神礼法（nomos palaios daimonôn，行563）与他们更复杂的"现代"成文法版本之间的纽带（gegrammenôn de tôn nomôn，行433）。

《酒神的伴侣》中的礼法与自然

《酒神的伴侣》（*Bacchae*）一剧充满悖谬。在这些悖谬中，理解此剧含义的要害可能是寻求弥合两种明显对立的观点：礼法与自然。据我们在欧里庇得斯的其他戏剧中所见，若说这种处理与智术师的浓厚兴趣毫不相干——我们已经看到，他们对这些问题兴趣盎然，似乎会让人吃惊。

《酒神的伴侣》中另一个几乎同样引人注目的悖谬，涉及"智慧"和"聪明"的区分，[100] 智术师们内部对这种区分的看法似乎有些不堪一击。

《酒神的伴侣》中的狄俄尼索斯是一名新神，他把一种新的宗教带到忒拜。这座城邦因其身世否认了狄俄尼索斯的神性，忒拜城邦年轻的国王彭透斯也拒绝接受酒神信徒们崇奉的外邦秘教。对这位神之新（newness）的强调，一次通过彭透斯的嘲讽（"这位新神[tôn neôsti dainona]，狄俄尼索斯，不论他是谁"，行216），另一次由这位神的辩护者忒瑞西阿斯道出（ho daimôn, ho neos，行273）。酒神教仪的狂热及其取法自然的生活，也由狂女歌队的颂歌和关于忒拜女子（狄俄尼索斯让她们发狂，进了基泰隆山）的报告凸显。

《酒神的伴侣》把彭透斯呈现为禁欲的统治者，恪守礼法和秩序，力图镇压这个（他认定狄俄尼索斯是）冒牌的狂欢教仪。然而，尽管狄俄尼索斯是新神，他的信徒也处于狂欢状态，我们却会听到歌队宣称，她们的方式才是悠久时间规定的礼法（nomoi），缺乏真正智慧（唯有靠真正的智慧，人类才能得救）的人是彭透斯这个聪明的蠢货。这就显示了欧里庇得斯的戏剧能力和诗性能力：他成功让我们相信了歌队充满悖谬的断言。

如果说正是（扮成他本人祭司的）狄俄尼索斯为彭透斯提供了这场戏剧性竞技，并揭示了透斯盲目愚蠢的悲惨结局，那么，正是歌队在几首有力的颂歌中表明了酒神精神的深层含意。尽管狄俄尼索斯向我们简述了他的身世和眼下的意图，酒神崇拜的神话背景和仪式背景却由进场歌——某种宗教仪式颂歌（多兹如是描述）提供。在这里，我们惊诧于（鉴于［101］这位神本身相对年轻）歌队赋予这种崇拜的某些更古老关联：譬如库柏勒的秘仪（行78及下），以及曾护佑克里特的宙斯出生的响鼓（行121及下）。从某种意义上说，这些合唱颂歌不受时间影响，但此剧的行动决不可能不受时间影响。通过与远方的古老崇拜产生联系，就为这种新式宗教确立了某种传统和更宽泛的意义维度。我们会看到，对其宣称至关重要的正是既定传统的这重含义。诗人的这部分意图（tis hodôi; tis hodôi; tis melathrois ektopos estô..., 行68及下），暗含在进场歌序曲中的仪式性喊叫及随之而来的宣称中：

> 因为我要遵照惯有的习俗（ta nomosthenta），
> 歌颂狄俄尼索斯。（《酒神的伴侣》，行71）

（当然，我并不是说酒神崇拜与古老的秘教没有这些关联；相反，为戏剧行动提供字面理解层次的奥林波斯神话和忒拜的酒神神话，需要已经表明的这种支撑来建立这些关联。）

歌队之所以能迅速为这位新神确立起某种传统，很大程度上得益于忒瑞西阿斯的一番话。这番话由他在紧随这首献给狄俄尼索斯的仪式性颂歌之后的那场戏开始不久说出）。忒拜人中只有卡德摩斯和忒瑞西阿斯愿意接受狄俄尼索斯及其新宗教，他们准备加入发狂的忒拜女人，上基泰隆山参加酒神仪式。卡德摩斯两次（行179、行186）称呼忒瑞西阿斯"聪明"（sophos）——诗人可能以这种方式提醒我们，这位先知发言很重要。忒瑞西阿斯不动声色地表明自己配得上卡德摩斯的赞美：

> 关于诸神，我们决不能耍鬼聪明。
> 我们已经拥有父辈的习俗（patrious paradochas），跟时间一样
> 古老，任何道理都不能把它们推翻（katabalei），
> 即便是绝顶聪明之人搞出的鬼聪明（to sophon）。（《酒神
> 的伴侣》，行200–203）

剧中唯有这个戏段呼应了歌队对狄俄尼索斯崇拜的一贯颂扬：从某种意义上说，狄俄尼索斯崇拜是永恒的，影响（用神话术语来讲）到凡人天性上分有神性的那个部分。这个观点由忒瑞西阿斯这个"永恒"人物来传达恰如其分。①

---

① 相反，在他的《酒神的伴侣》（Oxford，1959）对行201–203的注解中，E. R. Dodds 认为，忒瑞西阿斯提及古老传统时表现出"明显的时代错位"，意在"提醒观众，接下来要呈现的是一场被置于神话传说中的公元前5世纪论战"。Cf. also Vincenzo Longo，A. A. Lig. 46（1989），他认为，《酒神的伴侣》行201–203是欧里庇得斯的翻案之言，因为他在此批评了智术师，而通常情况下（在作者看来），欧里庇得斯都自视为智术师的盟友。

从迄今已讨论的情况我们兴许可以看到，这种狂热的、充满激情的"新式宗教"与（被视为传统上可接受，甚至约定俗成的）礼法的关联，如何在剧中得以逐步确立。因此，卡德摩斯（在忒瑞西阿斯理性地或者可谓智术师式地描述狄俄尼索斯的"真实"含义之后）（参见上文，导论，页 22 – 24）劝彭透斯"和我们待在一起"（亦即跟忒瑞西阿斯和他本人待在一起），不要"逾越礼法"（mê thuraze tôn nomôn，行 331）。否则若无铺垫，忒瑞西阿斯关于彭透斯苛刻对待这种新式外邦崇拜的警告，就无疑会显得突兀。

的确，狄俄尼索斯式的生活方式与礼法（普通民众传统上接受的事物）的关联，逐渐成为歌队抨击"过分聪明之人"（那些像彭透斯这样不信酒神的人）的固定特色。因此，在第一首合唱歌中，歌队在谴责彭透斯无法无天的（anomos）疯狂后，就把狄俄尼索斯式的"安宁生活和可保安然的审慎"（to phronein asaleuton）颂扬为"维系家族"之物（行 389 – 392）。这反过来又引出了歌队一再重复的主题：

> 聪明［如彭透斯的不可知论］不是智慧（to sophon d'ou sophia），
>
> [103] 思索不属凡人之事也不是。（行 395 – 396）

在这首颂歌最后，歌队总结性对比了"优异之人"（不信酒神崇拜的人）与那些跟其他人一样思考和感受的人：

> ……这位神憎恨那些无心
> 在白天和无数可爱的夜晚，
> 度过愉快生活的人。
> 明智者会让心灵和思想远离

> 优异之人（perissôn para phôtôn）；
>
> 凡是多数人——
>
> 民众（to plêthos... to phaoloteron）尊为习俗并奉行（eno-mise chrêtai te）的东西，
>
> 我都欢迎。（《酒神的伴侣》，行424－432）

我们还应注意，在歌队的表述中，"凡是多数人——民众尊为习俗并奉行的东西"，亦即礼法（nomoi）（剧中其他地方就这么说，比如行331、行484、行891、行895；亦注意这段话行424的 enomise），如今成了这种新式宗教的检验标准。

有意思的是我们在下一场戏中会看到，盛气凌人的国王与他的神圣囚徒之间可谓"猫鼠对话"的第一轮交锋，就以类似的方式对比了（跳神圣舞蹈的）外邦人的礼法（褒义上）与（不愿跳舞的）见多识广的希腊人的礼法。

酒神狂女的行为和态度一直被呈现为她们的礼法（nomoi）。忒瑞西阿斯的发言和歌队的颂歌，令这些礼法显得植根古老的传统和永恒的秘仪。尚未完成的一步（我们姑且称之为"哲学性的"一步），仍由狂热而（用她们的话说）"明智的"狂女歌队完成。

[104]第三首合唱歌（行862及下）标志着此剧的合唱转折点。这首合唱歌出现在戏剧行动的关键时刻：受酒神迷惑的彭透斯再度入宫，他出宫前就已失去心智，身穿祭仪服装。

这首颂歌以迷人的"逃跑小鹿"意象开始。在颂歌中，这名"赤着白足狂欢，把脖颈甩入带着露水的空气"的狂女，被喻为一头逃脱猎手猎网的小鹿（就像这些忒拜女子逃脱了彭透斯一样），

> 它却铆足了劲，风驰电掣般跃到那傍水的
>
> 平原，在那杳无人迹、

林荫遮蔽的幼林间，

欣喜不已。（行873-876）

第二唱段从逃跑转向了复仇，但前面先出现了一段简短的叠唱曲：

（叠唱曲）什么是智慧？（ti to sophon）或者，在凡人眼里，

诸神赐予的礼物

有什么比把更强力的手

放在敌人头上更美的呢？……（《酒神的伴侣》，行876及下）

然而，与这支狂女歌队的诸多激烈言辞一样，随后提及神的复仇力量的那个唱段（行882及下），在结尾处陷入了近乎哲学性的沉思：

诸神去惩戒那些

尊崇无知（agnômosunê）、

不赞美诸神，持

疯狂意见的凡人。

诸神巧妙遁形，

时间的漫长脚步，

猎取不虔敬之人。因为

一个人的认识和行动

切不可（ou chrê）逾越礼法（kreissôn...tôn nomôn）。

因为，相信神圣的东西，亦即

与神灵有关的东西——有力量，

相信在漫长的时间里（to t'en chronôi makrôi nomimon），

自然

形成的（aei phusêi te pephukos）永恒礼法并不费劲。(《酒
神的伴侣》，行 884－896）

这整段话再次对比了"不信神的人"（如彭透斯）的傲慢与普
通人更明智的认知，也就是狂女们认为的真正的酒神信徒的认知。
稍后，酒神信徒的信仰和行为再次被等同于传统礼法（如行 895－
896，虽然行 891－892 已为这种思想做了铺垫）。因此，这段戏文的
最后一句话，似乎既反映了智术师的影响，也表明了诗人自己的独
创（或者至少是诗人的洞察力）。多兹在评论这段话时精妙地指出：

歌队预示了柏拉图对礼法－自然悖伦的解决原则，亦即人
们正确理解这两个语词时礼法被视为基于自然（《法义》890d
以下）。同样地，公元前 5 世纪末人称佚名伊安布里基的人认
为，nomos（"法律"还是"习俗"?）和正义统治着人类，永远
不可能两相分离：因为他们天然地被紧密捆绑在一起（ton te
nomon kai to dikaion embasileuein tois anthrôpois kai oudamêi
metasêtnai an autạ：phusêi gar ischura endedesthai tauta）。[1]
（Diels，Vors. ii，p. 402. 28ff.）

无论这位人称佚名伊安布里基的作家生活在公元前 5 世纪末还
是公元前 4 世纪初，他都无疑受智术师思想影响。我们似乎不大可
能断定，欧里庇得斯和这位佚名作者谁先提出了现有的关于礼法与

---

① 参见 Dodds（1959）对《酒神的伴侣》行 895－896 的笺释；他援引
的那段佚名伊安布里基的话（D－K 89.6.1），我在前文已引用。关于对《酒
神的伴侣》和 Anon Iambl. 这些片段的不同看法，see Heinmann（1965），
p. 166。

自然紧密相关的观点——［106］多兹就指出，"当人们正确理解这两个语词时"，而礼法与自然历来被视为两个对立的观念。其实这也不打紧，因为这两位作家十之八九都是在阐述，或者可能在重述他们同时代（或相近时代）某个智术师表明的观点。

如果说《酒神的伴侣》表明智术师精妙区分并融合了这两个相关的观点，此剧也似乎暗中批评了智术师关于传统信仰甚至大众文化的观点（诗人是否认同这点，我们不得而知）。如果我们从当代语境去理解歌队对"太聪明的人"之流的批评，［我们就会发现，］这些批评出现在她们对彭透斯傲慢的怀疑和迫害的回应中。我们不妨再次引述歌队的几句话，以表明这些批评在更宽泛的语境中的相关性。

"聪明不是智慧"（to sophon ou sophia）是歌队的叠唱曲。歌队接着唱道，"思索不属凡人之事"，"也不是智慧"（行 395 – 396）。歌队再次表示，

> 这位神憎恶的人……
> 让心灵和思想远离
> 优异之人（perissôn para phôtôn）
> ……凡是多数人——
> 民众尊为习俗并奉行的东西，
> 我都欢迎。（行 429 – 432）

以上并非智术师的观点；压根就不是（譬如参见普罗塔戈拉的不可知论观点，D – K 80 B4）。正是彭透斯自负的聪明，招来歌队和忒瑞西阿斯（行 266 及下，比较行 200 – 203）甚至卡德摩斯（行 232）的谴责。也正是这种特质导致彭透斯在剧中的灭亡。

反讽的是，在批评那些试图摧毁关于诸神的古老传统之人时，忒

瑞西阿斯使用了 katabalei［推翻］一词（行202）。一些学者已注意到，该词出现在普罗塔戈拉名为"辩驳集"（*Kataballontes* sc. *Logoi*，D－K 80 B1）的标题中，此文可能包含了他对诸神的评论。[①]

［107］在我们眼下的讨论语境中，要确定忒瑞西阿斯本人的立场有些困难。一方面我们已经看到，忒瑞西阿斯的确批评了彭透斯自负的聪明和他不信狄俄尼索斯；另一方面我们也看到，他对得墨忒耳和狄俄尼索斯的评论（行274及下）似乎与普罗狄科的观点（转引自 D－K 84 B5）有些相似（参见前文，第一章，页28）。我们还要考虑德西格拉博（Deichgräber）的有趣观点。他认为，不仅忒瑞西阿斯和卡德摩斯搞诡辩，连狄俄尼索斯也"搞诡辩"。德西格拉博还表示，剧中唯有歌队是真正的酒神信徒！[②] 当然，卡德摩斯的确三次称忒瑞西阿斯聪明（sophos，两次在行179，一次在行186，上文已指出）；显然，这个称号忒瑞西阿斯受之无愧（有意思的是，sophos 一词不断重现于狄俄尼索斯和彭透斯之间的"猫鼠戏"，譬如行480、行655、行656、行824）。但忒瑞西阿斯坚称（也是行200及下），于凡人而言，真正的智慧不能涉及神事和超出凡人视野之事，"聪明"永远不可能推翻古老的传统。这不仅是彭透斯犯下的其中一桩过错……根据此剧的暗示，这也是智术师式理性主义的过错。因此，依我之见，我们不应把剧中的忒瑞西阿斯当成智术师而轻易打发（德西格拉博就这么做了）。

同一个富有成效的悖谬（如果我们能这么描述的话）还出现在歌队中。歌队代表新神，但由于合唱歌不受戏剧时间限制，歌队也

---

① 参见 Dodds 对《酒神的伴侣》行 201－203 的笺注；亦参 D－K 80 C4。

② Karl Deichgrber, "Die Cadmus－Teiresias Szene in Euripides' *Bakchen*," *Hermes* LXX（1925），pp. 322－349.

可以把酒神秘仪与古老的神话传说关联在一起。此外，和忒瑞西阿斯一样，歌队也表达了智慧与聪明的对比（行 395 及下）。这个对比表明了（很大程度上源于智术师运动的）修辞性聪明与真正的智慧（不时闪现于一些欲言又止的表述里）的冲突。

结　语

[108] 我已在导论部分抱歉地表明了本书的诸种局限。我指出，拙著不关注作为哲学思想家或政治思想家的欧里庇得斯，而是关注他如何独具匠心地用戏剧方式处理了他所处时代（尤其是智术师）的各种哲学教诲和思想。不过，在结语中扼要回顾有助于表明，欧里庇得斯热情参与（以及某些情形下）并深度关注了他用各式各样的戏剧方式呈现的各种问题。当然，我们不能指望欧里庇得斯详析这些问题，因为这是悲剧而非哲学。毫无疑问，有些时候，诗人的确表明了他本人对这些问题的看法。但于他而言，过于显白地表达自己的观点，很可能会损害我试图描述的那些对相关问题的微妙处理。

我从《希珀吕托斯》中提出的那些尤与智术师（及苏格拉底）相关的问题开始：德性天生（phusis）还是可教？如果德性可教，那么就算我们知道什么是对的，我们又如何（如果能的话）能确信获得了德性？在这里，我们看到，希珀吕托斯确定无疑地认为，aidôs［虔敬、羞耻］和 sôphrosunê［贞洁、节制］只能天生，而实际上，他希珀吕托斯就 sôphrôn［贞洁、节制］。稍后，我们看到，与无比自信的希珀吕托斯形成对比，斐德拉苦苦思索这个问题后得出令人痛苦的［109］结论：形形色色的干扰，包括快乐的干扰，可能（望苏格拉底见谅）让人无法做出他明知的好的行为。最后，冤枉了无辜的希珀吕托斯的忒修斯无奈地表示，没人知晓如何向那些没有德性的人教授德性。这些大相径庭的角色都没有获得德性，对每个人而言，此剧的戏剧行动都导致了灾难。

在《阿尔刻斯提斯》中（我们在第二章已看到），欧里庇得斯对"德性的相对性"这一主题的处理，尤其呼应了（具希腊代表性的）含混的回报德性，"以恩报恩"。欲向朋友赫拉克勒斯履行好客（xenai）德性的阿得墨托斯，违背了他亏欠亡妻的回报义务——阿尔刻斯提斯替他赴死，对他恩重如山。阿得墨托斯现在发现，没了阿尔刻斯提斯，他的生活也不值得过（因阿波罗向阿得墨托斯"报恩"，他让阿尔刻斯提斯替死救了阿得墨托斯一命）。然而，通过将戏剧行动框定于一个民间传说，剧作家去除了此剧戏剧行动的悲剧色彩。赫拉克勒斯奇迹般复活阿尔刻斯提斯回报了阿得墨托斯，从而用这个反讽的机智（jeu d'esprit）完成了大团圆结局。

在我的第三章"插曲"中——这一章位于讨论取自智术师哲学教诲的各种主题的章节之间，我发现，《特洛亚妇女》和《赫卡柏》截然不同地分别反映了智术师的修辞及其结果。在《特洛亚妇女》海伦与赫卡柏的对驳中，通过用戏剧的方式处理一个众所周知的修辞主题，欧里庇得斯似乎沉迷于他本人的修辞甚至诡辩技能，乐趣无穷地以高超技巧击败了智术师。但在《海伦》中，诗人似乎以一种更加阴郁的方式表明，修辞的力量与狭隘的道德观明显有关（在奥德修斯的例子中），［110］修辞的结果与道德败坏也明显有关（在赫卡柏本人的例子中）。在欧里庇得斯（至少在我看来）明确反讽地处理了智术师主题的剧中，我们只考察了《海伦》（第四章进行了讨论）。无论如何，事实证明，欧里庇得斯不无可能在斯特西科罗斯"魂影版"海伦神话的背景中，以喜剧方式处理了智术师那些关于我们所有的感官认知都同样"真实"的观点。不过，欧里庇得斯也成功地用（即便）这种令人感到轻松的处理，服务于一个严肃的主题：引发了特洛亚战争及一切别的战争（包括那场对雅典极具毁灭性的战争）的诸幻象，行将结束。

在第五章考察智术师思想中的礼法及其相关思想（尤其是自然）的观点时，我们发现，一些观点不断重现于欧里庇得斯剧作的各种语境中，尤其在那些处理社会局势和政局的剧里，譬如《乞援女》和《赫拉克勒斯的儿女》。

在《乞援女》中，我们注意到，在首次回应阿尔戈斯乞援人阿德拉斯托斯时，忒修斯关于良序社会进化的描述（特别典型的智术师论证方式），奠定了他接下来为乞援人辩护的基础。《乞援女》中的礼法尤其在与掩埋死者的关系中得以凸显。我们现在看到，这种礼法可能破天荒成了泛希腊法的一部分。在这里我们也想起，在普罗塔戈拉的普罗米修斯神话中，礼法在他所述的关于社会起源的故事中至关重要。

在《赫拉克勒斯的儿女》中，当伊俄拉俄斯祈求雅典庇护赫拉克勒斯的儿女，竭力呼吁 aidôs［虔敬］和 dikê［正义］（也是普罗塔戈拉的文明神话中极为重要的两种德性）时，关于法律和正义的问题再次与乞援主题关联在一起。相反，阿尔戈斯传令官极力宣扬与强邦［111］一道对抗弱邦能获得的好处（kerdos）。在欧里庇得斯笔下，此处最栩栩如生地把礼法与自然的对抗呈现为文明价值的统治与强者的统治的对抗。

我们在《酒神的伴侣》中看到的一些悖谬中，最根本的可能是关于礼法与自然的悖谬。这是智术师二元观念的最典型特征。我们既有代表法律与秩序的彭透斯，也有狂热的、自然主义的酒神崇拜。彭透斯担心，酒神崇拜会破坏那种秩序。然而，酒神歌队的狂女们宣称，她们的生活方式符合其礼法（nomoi），亦即忒瑞西阿斯所谓的和时间一样古老的传统（patrioi paradochai）。而到头来，彭透斯因自身的败坏和偷窥狂女丧生。与这个悖谬相关的是对年老和年轻的处理，以及对真正的智慧与彭透斯（智术师？）式聪明的对比的处理。这个核心悖谬（我的说法）的解决方案，可能暗含在歌队转向复仇前的最后一首合唱歌中，亦即她们捍卫的与时间一样古老的礼法（nomoi）其实基于自然（phusis）。这（已有人注意到）至少表明，欧里庇得斯同样略为调和了这种（至少一个传世智术师片段中的）古老的悖伦。

　　我们感觉到，诗人晚年创作的这部杰作对传统方式与新思想的悖谬呈现，可能多少反映了欧里庇得斯内心的情感冲突与智性冲突。

智术师概况

[112] 这份概况扼要表明了本书归在智术师名下的主要教诲和关注点。关于这些智术师确切生平的信息阙如，但我们知道，这些人于公元前 5 世纪下半叶涌现，因此也是欧里庇得斯的同时代人（有些较他年长，有些较他年轻）。归在他们名下的作品均已散佚，仅存若干残篇和记录其教诲的学说集，导论对此已有说明（亦见参考文献中所列的 Kathleen Freeman 的著作，以及 M. Magarin 和 P. Woodruff 的近著）。

我按照他们与本研究的关系列举了少数几个相关智术师。

阿伯德拉的普罗塔戈拉（Protagoras of Abdera）可能是第一位也是最出名的智术师。伯罗奔半岛战争前，他至少两度造访雅典。后来，普罗塔戈拉可能就在雅典讲学时宣称自己是教授"政治德性"的第一人。普罗塔戈拉写的一本书被冠以不同标题：《真理》（*Truth*）、《辩驳集》（*Refutations*）和《论存在》（*On Being*）。他还写了本名为《论诸神》（*On the Gods*）的论著。普罗塔戈拉尤为知名的是他的名言（对这句话的解读各异）"人是万物的尺度"，以及关于任何事物都能得出两个对立观点，而他能让更弱的观点显得更强。

[113] **勒翁提尼的**高尔吉亚（Gorgias of Leontini），最广为人知

的身份虽是早期修辞术教师及几本论修辞术的手册的作者，但他的讲学和写作也涉及哲学主题，其论文《论存在》（*On Being*）或《论自然》（*On Nature*）就表明了这点。高尔吉亚的两篇典范性演说辞，《为帕拉墨得斯一辩》（*Defence of Palamedes*）和《海伦颂》（*Encomium of Helen*）完整或部分传世。从《海伦颂》和苏格拉底在柏拉图对话中对高尔吉亚的评论来看，高尔吉亚似乎直言不讳地强调，修辞术的功能就是劝谕，就算（如有必要）要以真理为代价。

安提丰（Antiphon）是最有趣也最令人费解的智术师之一。有别于众多智术师，安提丰似乎是雅典人，在雅典度过了大半生。他写了一部重要的哲学著作《真理》（*Truth*）及若干修辞术论文，除非像有些学者认为的那样，"智术师安提丰"（Antihon the Sophist）和"演说家安提丰"（Antiphon the Orator）是两个不同的人。

从他的哲学著作的若干残篇来看，安提丰表达了关于如下事物的悖谬观点：正义、法律规定和与之形成对比的自然规定，他还就诸神的自足进行诡辩。安提丰对"自然"（phusis）的看法，促使他抨击了众多雅典人持有的观点：希腊人与"外邦人"判然有别。

刻耳斯的普罗狄科（Prodicus of Ceos）是著名修辞术教师，（根据柏拉图笔下的苏格拉底）收费不菲。他云游至雅典，并在此教学（据说，苏格拉底和欧里庇得斯都听过他的一些讲学）。普罗狄科也著书论及万物的属性、宇宙和诸神的性质；他如是解释了人们对诸神的信仰及神话中诸神的性质：[114] 神性源于任何有益于人类的事物。

普罗狄科尤因关注以下事物著称：精确定义（尤其定义各种品质，譬如"勇敢"和"大胆"）、对事物的正确命名，以及区分那些（在他看来）被误当成同义词的事物。柏拉图笔下的苏格拉底和亚里士多德都常批评普罗狄科有时过于精细的区分；不过，普罗狄科对精细区分的关注可能为语义学做出了有益的贡献。

克利提阿斯（Critias）系雅典富庶家族出身，这个家族因支持斯巴达闻名。克利提阿斯是一名极端寡头，也是公元前404年发动"三十僭主"（the Thirty）寡头制政变的领袖人物。次年，克利提阿斯就在推翻三十僭主的过程中殒命。

克利提阿斯本人并非智术师，但他显然与智术师有交情，也与其中一些人关注了同样的问题并看法一致。克利提阿斯是一位精湛的演说家，也写过诗歌（其中一首谈及政制）和剧作。在他的萨图尔剧《西西弗斯》（Sisyphus，有人将之归于欧里庇得斯名下）中，克利提阿斯提出了一种观点：诸神由人杜撰，以劝人服从法律。

卡勒刻冬的忒拉叙马科斯（Thrasymachus of Chalcedon）周游各地，包括雅典。他主要以修辞术教师闻名，因在柏拉图《王制》卷一咄咄逼人地坚称"正义即强者的利益"为后人熟知。不过，柏拉图此处对忒拉叙马科斯的刻画可能没有准确呈现他的正义观；甚至有人质疑了柏拉图笔下忒拉叙马科斯的身份。

参考文献

版本与译本

Barrett, W. S., ed. *Euripides, Hippolytus*. Oxford, 1964.

Bond, G., ed. *Euripides, Heracles*. Oxford, 1981.

Collard, C., ed. and trans. *Euripides, Heracles*. Warminster, 1991.

——ed. *Euripides, Supplices*, vol. 2. Groningen, 1075.

Conacher, D. J., ed. and trans. *Euripides, Alcestis*. Warminster, 1961.

Dale, A. M., ed. *Euripides, Alcestis*. Oxford, 1954.

——ed. *Euripides, Helen*. Oxford, 1967.

Diels, H., ed. *Die Fragmente der Vorsokratiker*, herausgegeben von Walther Kranz, 6th ed. Berlin, 1954.

Diggle, J., ed. *Euripides Fabulae*, vols. 1 and 2. Oxford, 1981, 1984.

Dodds, E. R., ed. *Euripides, Bacchae*, 2nd ed. Oxford, 1959.

Gagarin, M. & Woodruff, P., eds. *Early Greek Political Thought from Homer to the Sophists*. Cambridge, 1995.

Kranz, W., ed. see Diels

Morrison, J. S. and Sprague, R., eds., *The Older Sophists*. Columbia, 1972.

Murray, G., ed. *Euripidis Fabulae*, 3 vols, 3rd ed. Oxford, 1913.

Reesor, M., trans. *Anonymus Iamblichi*, see Morrison and Srague.

Robinson, T. M., ed. *Constrating Argumengs: An Edition of the Dissoi Logoi*. New York, 1979.

Sprague, R. See Morrison.

Way, A. S. *Euripides with an English Translation*, vol 1. London and New York, 1920.

Woodruff, P., see Gagarin.

专　著

Burian, P., ed. *Directions in Euripidean Criticism*. Durham, 1985.

Burnett, A. *Catastrophe Survived*. Oxford, 1971.

Buxton, R. *Persuasion in Greek Tragedy*. Cambridge, 1982.

Classen, C. J. ed. *Sophistik*, Wege der Forschung 187. Darmstadt, 1976.

Conacher, D. J. *Aeschylus, Prometheus Bound, a Literary Commentary*. Toronto, 1980.

——. *Euripidean Drama, Myth, Theme and Structure*. Toronto and London, 1967.

Croally, N. *Euripidean Polemic, The trojan Women and the Function of Greek Tragedy*. Cambridge, 1994.

Decharme, P. *Euripides and the Spirit of His Dramas*, trans., James Loeb. New York, 1906.

Dodds, E. R. *The Ancient Concept of Progress*. Oxford, 1973.

——. *The Greeks and the Irrational*. Berkeley and Los Angeles,

1959.

Easterling, P. And Muir, J. , eds. *Greek Religion and Society*. Cambridge, 1985.

——ed. *The Cambridge History of Classical Literature*, vol. I, parts 1 and 2. Cambridge, 1989.

Freeman, K. *Ancilla to the Pre – Socratic Philosopher*. Oxford, 1948.

Goldhill, S. *Reading Greek Tragedy*. Cambridge, 1986.

Gregory, J. *Euripides and the Intruction of the Athenians*. Ann Arbor, 1981.

Guthrie, W. K. C. *The Sophists*. Cambridge, 1971 (= Part I of vol. 3 of *A History of Greek Philosophy*. Cambridge, 1969) .

Hall, E. *Inventing the Barbarian*. Oxford, 1989.

Heinimann, F. *Nomos und Physis*. Basel, 1965.

Kerfred, G. B. *The Sophists*. Oxford, 1981.

Lloyd, M. *The Agon in Euripides*. Oxford, 1992.

Lupher, D. Persuasion and Politics in Euripides. Satndford University dissertation, 1979.

Michelini, A. *Euripides and the Tragic Tradition*. Madison, 1987.

Mossman, J. *Wild Justice*. Oxford, 1995.

Muir, J. see Easterling.

Nestle, W. *Euripides der Dichter der griechischen Aufklärung*. Stuttgart, 1901.

Nussbaum, M. *The Fragility of Goodness*. Cambridge, 1986.

Ostwald, M. *Nomos and the Beginning of the Athenian Democracy*. Oxford, 1969.

Scodel, R. *The Trojan Trilogy.* Gottingen, 1980.

Snell, B. *Scenes from Greek Tragedy.* Berkeley and Los Angeles, 1964.

Untersteiner, M. *The Sophists*, trans. K. Freeman. Oxford, 1954.

Vlastos, G. *Socrates*, *Ironist and Moral Philosopher.* Cambridge,
1991.

Winnington – Ingram, R. P. *Euripides and Dionysus.* Cambridge, 1948.

论 文

Burian, P. " Logos and Pathos: The Politics of the *Suppliant
Women*," *Directions in Euripidean Criticism*, 129 – 155, ed. Peter Buri-
an. Durham, 1985.

Chalk, H. "Aretê and Bia in the *Heracles*," *JHS* 82 (1962), 7 – 18.

Classen, C. "The Study of Language," *Sophistik*, 215 – 247, e-
d. C. Classen. Darmstadt, 1976.

Claus, D. " Phaedra and the Sophistic Paradox," *Yale Classical
Studies* 22 (1972), 223 –238.

Collard, C. " Formal Debate in Euripidean Drama," *G&R* 22
(1975), 58 –71.

Conacher, D. J. " Rhetoric and Relevancein Euripidean Drama,"
AJP (1981), 3 –25.

——. "Questions of Probability and Relevance in Euripidean Dra-
ma," *Maia* 24 (1972), 199 –207.

Deichgräber, K. " Die Kadmos – Teiresias Szene in Euripides'
Bakchen," *Hermes* 70 (1935), 322 –349.

Dodds, E. R. "The Aidôs of Phaedra and the Meaning of the *Hip-*

polytus," *CR* (1925), 102 – 104.

Griffith, J. "Some Thoughts on *Helena*," *JHS* 73 (1953), 36 – 41.

Kerfred, G. "The Doctrine of Thrasymachus in Plato's *Republic*," *Durham University Jounal* (1941), 19 – 27, reprinted in *Sophistik*, 545 – 563, ed. C. Classen. Darmstadt, 1976.

Kirkwood, G. "Hecuba and Nomos," *TAPA* 78 (1947), 61 – 68.

Maguire, J. "Thrasymachus or Plato?" *Phronesis* 16 (1971), 142 – 163, reprinted in *Sophistik*, 564 – 590, ed. C. Classen. Darmstadt, 1976.

Muir, J. "Religion and the New Education," *Religion and Society*, 204 – 215, ed. P. Easterling and J. Muir. Cambridge, 1985.

Pippin, A. "Euripides' *Helen*: A Comedy of Ideas," *CP* 55 (1960), 151 – 163.

Reckford, K. "Concepts of Demoralization in *Hecuba*," *Directions in Euripidean Criticism*, 122 – 128, ed. P. Burian. Durham, 1985.

Segal, C. "Gorgias and the Psychology of the Logos," *HSCP* 66 (1962), 99 – 155.

Sinclair, T. "Socrates and His Opponents," *Sophistik*, 67 – 196, ed. C. Classen. Darmstadt, 1976.

Solmsen, F. "Onoma and Pragma in Euripides' *Helen*," *CR* (1934) 119 – 121.

Vernant, J. – P. "Greek Tragedy: Problem of Interpretation," in *The Struturalist Controversy*, 273 – 288, eds. Richard Macksey and Eugenio Donato. Baltimore and London, 1972.

图书在版编目（CIP）数据

欧里庇得斯与智术师：哲学思想的戏剧性处理 / （加）科纳彻
(D.J. Conacher) 著；罗峰译. -- 北京：华夏出版社有限公司,2023.3
（西方传统：经典与解释）
书名原文：Euripides and the Sophists: Some Dramatic Treatments
of Philosophical Ideas
ISBN 978-7-5222-0434-5

Ⅰ.①欧… Ⅱ.①科… ②罗… Ⅲ.①欧里庇得斯(Euripides 约
前 480-约前 406)－哲学思想－研究 Ⅳ.①B502.29

中国版本图书馆 CIP 数据核字(2022)第 222716 号

北京市版权局著作权合同登记号：图字 01-2020-2585 号

欧里庇得斯与智术师——哲学思想的戏剧性处理

作　　者	［加］科纳彻
译　　者	罗　峰
责任编辑	郑芊蕙
责任印制	刘　洋
出版发行	华夏出版社有限公司
经　　销	新华书店
印　　装	三河市少明印务有限公司
版　　次	2023 年 3 月北京第 1 版
	2023 年 3 月北京第 1 次印刷
开　　本	880×1230　1/32
印　　张	5
字　　数	116 千字
定　　价	48.00 元

华夏出版社有限公司　　地址：北京市东直门外香河园北里 4 号　邮编：100028
网址：www.hxph.com.cn　　电话：(010)64663331(转)
若发现本版图书有印装质量问题，请与我社营销中心联系调换。